**TURG'UNBOYEVA (INOMJONOVA DILSHODA)
AZAMJON QIZI**

TASHQI MEHNAT MIGRATSIYASINING DEMOGRAFIK JARAYONLARGA TA'SIRI (ANDIJON VILOYAT MIQYOSIDA)

The Impact of Foreign Labor Migration on Demographic Processes
(Andijan Region Scale)

MONOGRAFIYA

© Turg'unboyeva Azamjon Qizi
Tashqi Mehnat Migratsiyasining Demografik Jarayonlarga Ta'siri (Andijon Viloyat Miqyosida)
By: Turg'unboyeva (Inomjonova Dilshoda) Azamjon Qizi
Edition: August '2024
Publisher:
Taemeer Publications LLC (Michigan, USA / Hyderabad, India)

ISBN 978-93-5872-299-4

© Turg'unboyeva Azamjon Qizi

Book	:	Tashqi Mehnat Migratsiyasining Demografik Jarayonlarga Ta'siri (Andijon Viloyat Miqyosida)
Author	:	Turg'unboyeva Azamjon Qizi
Publisher	:	Taemeer Publications
Year	:	'2024
Pages	:	50
Title Design	:	*Taemeer Web Design*

KIRISH

Bitiruv malakaviy ishi mavzusining dolzarbligi. Jahon xoʻjaligi rivojlanib, mamlakatlararo integratsion aloqalar kuchayib borgan sayin, mehnat migratsiyasi ham tobora intensivlashib bormoqda. Rivojlangan mamlakatlar va past rivojlanayotgan mamlakatlar oʻrtasidagi farqlarning uzluksiz chuqurlashib borayotgani ham ushbu jarayonlarni jadallashtirishga kuchli ta'sir koʻrsatmoqda. Mehnat migratsiyasi kishilik jamiyati taraqqiyotining hozirgi bosqichida migratsiyaning oʻziga munosib ish va yuqori daromad topish maqsadida amalga oshirilgan alohida turi boʻlib, iqtisodiyoti ogʻir ahvolda boʻlgan kam rivojlangan mamlakatlarda bandlik va ish haqinig oʻtkir muammolarini hal etishning asosiy vositalaridan biriga aylandi.

Oʻzbekistonda mustaqillik yillarida iqtisodiyotning barcha yonalishlarida tub islohatlar amalga oshirildi. Mulkchilik shakllariga bo'lgan munosabat o'zgardi. Bozor munosabatlariga asoslangan iqtizodiy tizimni yuzaga kelishi aholi bandligiga o'zining sezilarli ta'sirini ko'rsatdi. Natijada, mamlakat aholi bandligini oshirishda tashqi mehnat migratsiyasi yuzaga keldi. Tashqi mehnat migratsiyasining bir qator ijobiy jihatlari bilan birga demografik jarayonlar rivojlanishiga sezilarli ta'siri mavjud. Shu maqsadda mazkur BMI da tashqi mehnat migratsiyasining demografik jarayonlarga ta'sirini o'rganishga harakat qilindi.

Aholi soni, dinamikasi va prognozi toʻgʻrisida koʻplab fanlar, jumladan iqtisodchilar, iqtisodiy geograflar, demograflar va boshqa fan vakillari oʻrganadi. Ular ichida iqtisodiy geograflar muhim oʻrin tutadi hamda aholining soni, dinamikasi, tarkibi va hududiy tafovutlari hamda muammolarni bartaraf etish yoʻllarini oʻrganadi.

Mavzuning o'rganilganlik darajasi. O'zbekistonda aholi migratsiyasi, demografik jarayonlar va uning xususiyatlari, omillari va muammolari kabi masalalar I. Mullajonov, R. Ubaydullayeva, M. Qoraxonov, E. Ahmedov, O. Otamirzayev, L. P. Maksakova, A. Soliyev, H. Salimov, A. Qayumov, M. Bo'riyeva, 3. X. Rayimjonov, Z.N.Tojiyeva, R.B.Qodirov, G.Hodjayeva, O.Muhammedov va b. olimlarning ilmiy tadqiqotlarida keng o'rganilgan.

Ishning maqsadi va vazifalari. Bitiruv malakaviy ishni bajarishdan **maqsad** Andijon viloyatida tashqi mehnat migratsiyasining demografik jarayonlarga ta'sirini o'rganishdan iborat. Maqsaddan kelib chiqib quyidagi **vazifalar** belgilab olindi:

✓ Aholi migratsiyasini iqtisodiy-ijtimoiy geografik o'rganishning nazariy va uslubiy masalalarini tadqiq etish;

✓ Andijon viloyati aholi dinamikasi va unga migratsiyaning ta'sirini o'rganish;

✓ Andijon viloyatida tashqi mehnat migratsiyasining asosiy yo'nalishlari va uning hududiy jihatlarini o'rganish;

✓ Tashqi mehnat migratsiyasining demografik jarayonlarga ta'sirini sotsiologik – demografik so'rovnoma orqali tadqiq etish hamda bu bilan bog'liq vujudga kelishi mumkin bo'lgan muammolar hususida hulosa, taklif va tavsiyalar ishlab chiqishdan iborat.

Andijon viloyati aholi migratsiyasi mazkur bitiruv malakaviy ishining **obyekti** bo'lib xizmat qiladi.

BMI ning predmeti bo'lib Andijon viloyati aholisi tashqi mehnat migratsiyasini demografik jarayonlarga ta'sirini tadqiq etish hisoblanadi.

BMI ning nazariy uslubiy asoslari. Mamlakatimizning geograf va demograf olimlarining ilmiy ishlari, o'quv uslubiy qo'llanmalari hamda O'zbekiston respublikasi qonunlari, O'zbekiston Prezidenti Sh.Mirziyoyev asarlari va farmonlari, hukumatimiz qarorlari xizmat qildi. Bitiruv malakaviy ishni yozish jarayonida statistik, guruhlash, taqqoslash, bashoratlash uslublari qo'llanildi. Bitiruv malakaviy ishida O'zbekiston Respublikasi statistika qo'mitasi, Andijon viloyati statistika bosh boshqarmasi ma'lumotlaridan foydalanildi. Shuningdek, internet ma'lumotlaridan ham keng foydalanildi.

BMI ning ilmiy yangiliklari quyidagilarda o'z aksini topgan:

-Andijon viloyati aholisi soni va dinamikasiga migratsiyaning ta'siri o'rganilgan va hududiy tafovutlari tahlil qilingan;

-andijon viloyatida ichki va tashqi migratsiyaning yo'nalishlari, migrantlarning yosh va jinsiy tarkibi bo'yicha tahlil qilingan;

-tashqi mehnat migratsiyasining demografik jarayonlarga ta'siri sotsiologik-demografik so'rovnoma orqali o'rganilgan.

Bitiruv malakaviy ishining tarkibiy tuzilishi. BMI kirish, ikki bob, xulosa va foydalanilgan adabiyotlar ro`yxatidan iborat bo`lib, u 49 betni o`z ichiga oladi. Matnda 3 ta jadval, 4 ta diagramma va 1 ta rasm keltirilgan.

I-BOB. AHOLI MIGRATSIYASINI IQTISODIY – IJTIMOIY GEOGRAFIK O'RGANISHNING NAZARIY-USLUBIY ASOSLARI.

I.1-§. Migratsiya va uning turlari

Aholi migratsiyasi - bu odamlarning (migrantlarning) u yoki bu hududlar chegarasi orqali, yashash joyini doimiy o'zgartirayotgan yoki qisqa yoxud uzoq muddatga yoki doimiy tarzda kelib ketishini anglatuvchi ko'chishidir.

Migratsiya so'zi lotincha «migratio» so'zidan olingan bo'lib, «ko'chish» ma'nosini anglatadi. Aholining turli maqsadlarda, ya'ni yangi yerlarni o'zlashtirish, daromad topish, o'qish, yashash hamda siyosiy nuqtai nazardan yashash joyini doimiy yoki vaqtincha o'zgartirishiga «aholining mexanik harakati» deyiladi

Demograflar orasida haligacha migratsiya demografiyaning predmeti hisoblanishi yoki mustaqil fanligi to'g'risida bahslar davom etib kelmoqda. Migratsiyani demografiyaning bir tarkibiy qismi sifatida ko'rilishiga qarshi bo'lgan demograflarning keltiradigan asosiy dalili shundan iboratki, migratsiya dunyo aholisining umumiy soniga hech qanday ta'sir o'tkazmaydi, chunki u doimo nolga teng, ya'ni immigrantlaming soni emigrantlar sonida teng. Professor V. A. Iontsevning fikriga ko'ra, migratsiya aholining takror barpo bo'lishiga bevosita ta'sir o'tkazishi mumkin, ya'ni demografik jarayon sifatida faqatgina ko'chishlar yoki qaytmaydigan migratsiya shaklida yuzaga chiqishi mumkin va faqat ushbu shaklda u demografiya predmetiga bevosita kiradil Migratsiya demografik jarayonlarga bevosita ta'sir o'tkazishi bilan birga, u mamlakatning demografik rivojlanishiga ham bilvosita ta'sir o'tkazishi mumkin. Masalan, AQSHga mehnat qilish maqsadida borgan migrantlar oilasida tugilgan chaqaloq mamlakat fuqarosi hisoblanadi va shu yo'sinda uning demografik rivojlanishiga o'z ta'sirini o'tkazadi. Migratsion harakatning umumiy tasnifi makon-vaqt tarkibiy qismlariga asoslanadi.

Aholi migratsiyasining bir qancha tasniflari mavjud bo'lib, ularning asosiga; migratsiya turlari, holati (ko'rinishi), shakllari, sabablari va bosqichlari kiritilgan.

Migratsiya ichki (yani bir mamlakatning ichida ayrim rayonlar o`rtasida, qishloqdan shaharga) yoki tashqi (bir mamlakatdan ikkinchi mamlakatga, bir qit`dan ikkinchi qit`aga) bo`lish mumkin. Migratsiya, shunningdek, doimiy hamda vaqtincha (shu jumladan mavsumiy bo`ladi.) Aholi migratsion harakatining sabablari xilma-hil bo`lishi mumkin. Aholini bir joydan ikkinchi joyga ko`chib yurishga majbur qiluvchi sabablardan eng muhimlari ikkita:

✓ iqtisodiy sabablar (masalan, ish qidirib yoki moddiy axvolini yaxshilash maqsadida bir rayondan ikkinchi rayonga yoki boshqa mamlakatga ko`chish xamda

✓ siyosiy sabablar (siyosiy, milliy yokiy diniy e'tiqodga ko`ra quvg`in ostiga olinishi natijasida, davlatlar o`rtasidagi chegaralarning o`zgarishi yoki xarbiy harakatlar davom etgan rayonlardan boshqa joylarga ko`chib o`tish, davlatlar o`rtasidagi millatlar vakillarini ayirbosh qilish kabilar). Ichki migratsiyalar mamlakatlar aholisining ko`payishi va kamayishiga ta`sir ko`rsatmaydi balki aholining mamlakat xududi bo`ylab shahar qishloq o`rtasida qayta taqsimlanishga olib keladi holos. Tashqi migrasiyalar esa, aksincha bir mamlakat, xatto aholisining ko`payishiga sababchi bo`ladigan muhim omil hisoblanadi.

Migratsiya turlari. Migratsion harakat nafaqat bir mamlakat ichida, balki mamlakatlararo ham sodir bo'lishi mumkin. Shuning uchun migratsiyaning ikki turi farqlanadi: xalqaro (mamlakatlararo, tashqi) va ichki (mamlakat ichida).

Xalqaro migratsiya uchun aynan «immigratsiya» va «emigratsiya» kabi tushunchalar xosdir. Immigratsiya aholining biror mamlakatga ishga joylashish yoki o'qish uchun doimiy yoki vaqtin- chahk (odatda,.uzoq muddatga) yashash uchun ko'chib kirishini bildiradi. Shuningdek, uning ko'pchilik hollarda fuqarolikni almashtirish (masalan, oilalami birlashtirish) bilan bog'liq bir qator sabablari ham bor. Emigratsiya aholining boshqa mamlakatga doimiy yoki vaqtinchalik (uzoq muddatga) yashash uchun (ixtiyoriy yoki majburiy) ko'chishini bildiradi. Xalqaro migratsiya kontinentlararo (masalan, Yevropadan AQSHga yoki Avstrahyaga) va kontinent ichidagi (masalan, Yevropa hududi bo'yicha) kabi turlarga bo'linadi. Xalqaro migratsiyasi 6 guruhga ajratiladi:

✓ Oilaviy va boshqa sabablarga ko`ra doimiy yashahs maqsadida bir davlatdan boshqa davlatga ketgan emigratlar.

✓ Migrant mexnatkashlar.

✓ Nolegal immigrantlar.

✓ Qochoqlar.

✓ Talabalar, ilmiy hodimlar, tadqiqotchialr.

✓ Turli maqsadda ko`chib yuruvchilar –turistlar, dam oluvchilar, anjuman qatnashchilari.

«Ichki migratsiya» deganda, mamlakat hududi doirasida bir manzilgohdan ikkinchi manzilgohga ko'chayotgan aholi tushuniladi. Masalan, O'zbekiston Respublikasi hududi doirasida aholining ko'chishi ichki migratsiya hisoblanadi.

Ichki migratsiya oqimlari quyidagi yo'nalishlar bo'yicha farqlanadi: shahardan-shaharga, qishloqdan-qishloqqa, qishloqdan-shaharga, shahardan qishloqqa. Ushbu yo'nalishlar ma'lum bir ma'noda xalqaro migratsiya uchun ham xosdir.

Migratsiya ko'rinishlari. Migratsiyani (tashqi va ichki) ko'rinishlari bo'yicha tasniflayotganda odatda ular quyidagicha farqalanadi: doimiy (umrbod), vaqtinchalik, majburiy, qonuniy, noqonuniy, mehnat.

Doimiy (umrbod) migratsiya doimiy yashash joyini butunlay almashtirish bilan bog'liq boshqa mamlakatga yoki qishloqdan shaharga va h.k.

Vaqtinchalik migratsiya yetarlicha uzoq muddatga, lekin cheklangan, ko'pincha oldindan belgilangan muddatga ko'chishini bildiradi. Masalan, ko'pchilik ishchilarning kam sonh aholi yashaydigan hududlarga shartnoma bo'yicha bir necha yil ishlash uchun ko'chishi vaqtinchalik migratsiya hisoblanadi.

Majburiy migratsiya migratsiyaning zamonaviy ko'rinislilaridan biri bo'lib, u siyosiy sabablarning natijasi hisoblanadi. Masalan, sobiq ittifoqda aholini ommaviy deportatsiya qilish majburiy migratsiyaning shakllaridan biri hisoblangan. U bir necha yo'nalish- larda amalga oshirilgan. Quloqlar deb nomlanuvchi odamlarga nisbatan bir qator deportatsiyalar qo'llanilgan. Ular 1930-yillarning boshida kollektivlashtirish va quloqlarni yo'qotish shiori ostida amalga oshirilgan. Ushbu rejalar bo'yicha Ukrainadagi quloqlar — Shimoliy va markaziy Qoratuproq hududlariga, Quyi va O'rta Volga bo'ylari va Belorussiyadan — Sibirga, Shimoliy Kavkazdan Ural va Qozog'istonga ko'chirilgan. G'arbiy hududlar aholisi Sharqiy Sibir va Uzoq Sharqqa ko'chirilgan. Umuman olganda, ushbu ko'chirishlarda quyidagi tendentsiyalar kuzatilgan; birinchidan, ularni vatanlaridan iloji boricha uzoqroqqa ko'chirib o'tishga intilish, ikkinchidan, umuman boshqa tabiiy iqlim sharoit- lariga jo'natish. 1931-yildagi quloqlarni surgun qilish geografiyasida shimoliy va uzoq hududlarni o'zlashtirish rejalaridan hududlarni iqtisodiy rivojlantirishning mahalliy va amaliy vazifalarini echishga o'tish kuzatildi.

Sovet deportatsiyalarining yana bir turi - «chegaralarni tozalash» hisoblanadi. 1930 va 1934-1935 yillardan boshlab chegara hududlarda yashovchi odamlar o'z vatanlaridan ko'chirila boshladi; g'arbdan fmlar, nemislar, polyaklar; janubdan — kurdlar, eronlik- lar; Uzoq sharqdan esa koreyslar.

Va, nihoyat, Ikkinchi jahon urushi yillarida butun bir xalqlar va elatlarni mamlakatning uzoq hududlariga deportatsiya qilish jarayoni kuzatildi (masalan, O'rta Osiyo, Qozog'iston va Sibirga).

Ittifoqning parchalanishi bilan majburiy migrantlar paydo bo'ldi. Hozirgi vaqtga ularga quyidagilar kiradi; qochoqlar; vaqtinchalik qochoqxona berilgan shaxslar; majburiy ko'chib ketganlar; ichki ko'chirilgan shaxslar.

«Qochoq» maqomini muayyan bir mamlakat fuqarosi bo'lmagan, ma'lum bir alomatlar bo'yicha; irqi, dini, millati, ma'lum bir ijtimoiy guruhga mansubligi, siyosiy qaraslilari bo'yicha ta'qib qilinish qurboni boMishdan qo'rqayotgan va o'z fuqaroligi boigan davlatning himoyasidan foydalana olmaydigan yoki foydalanishni xohlamaydigan kishilar oladilar. Bular qatoriga ma'lum bir fuqaroligi boimagan, o'zining awalgi yashash joyi davlatiga bora olmaydigan yoki borishni istamaydigan shaxslarni ham kiritish mumkin. Tinchlikka, insoniylikka nisbatan jinoyat sodir qilgan yoki boshqa og'ir qasddan jinoyat sodir qilgan shaxslar qochoq sifatida tan olinmaydilar.

Vaqtinchalik qochoqxona olgan shaxslar qatoriga ularni qochoq deb tan olinishi uchun asoslari boigan, lekin mamlakat hududida vaqtinchalik qolish imkonini berish uchun iltimosnoma arizasi bilan cheklangan xorijiy fuqarolar va fuqaroligi yo'q shaxslarni kiritish mumkin. Ular qochoqlar deb tan olinishi uchun asosga ega boimasliklari ham mumkin, lekin insoniylik yuzasidan mamlakatdan tashqariga deportatsiya qilinmaydi.

Sobiq ittifoq tarkibiga kirgan respublika hududida muqaddam yashagan, fuqaroligi boigan, mamlakatda qochoq maqomini olgan, keyinchalik fuqaroligini olishi bilan awalgi maqomini yo'qotgan shaxs majburiy ko'chuvchi sifatida tan olinishi mumkin. Lekin, bunda shunday holatlar e'tiborga olinishi kerakki, ularni qochoq maqomi amaldagi davrida mamlakat hududida joylashishiga xalaqit beradigan holatlar e'tiborga olinishi zarur.

Majburiy ko'chuvchi sifatida xohlagan mamlakat fuqarosi ham tan ohnishi mumkin, u mamlakatning biror bir sub'yektidagi yashash joyini almashtirishga majbur boigan va boshqa sub'yektga ko'chib o'tgan yoki xorijiy davlat hududidagi yashash joyini tashlab ketishga majbur boigan va mamlakatiga kelgan shaxs boiishi mumkin. Ular qatoriga qonuniy asoslarga ko'ra 0 'zbekiston hududida doimiy yashovchi va uning chegaralari doirasida yashash joylarini o'zgartirgan xorijiy fuqarolar va fuqaroligi yo'q boigan shaxslar ham kirishi mumkin.

Tinchlikka, insoniylikka nisbatan jinoyat sodir qilgan yoki boshqa og'ir qasddan jinoyat qilgan shaxslar majburiy ko'chuvchi sifatida tan olinmaydi.

Ichki ko'chirilgan shaxslar - mamlakat hududida doimiy yashovchi, millatlararo janjallar natijasida doimiy yashash joylarini tashlab ketgan, lekin majburiy ko'chuvchi maqomiga ega bo'lmagan fuqarolardir.

Agar gap tashqi migratsiya haqida ketadigan bo'lsa, uning yana bir ko'rinishi noqonuniy (yashirin) migratsiyani ham ajratib ko'rsatish mumkin. Bu holat noqonuniy boiib, qonunni buzish bilan bog'liq. Bunday migratsiyaning sub'yektlari - nazorat qiiinmaydigan shaxslar va noqonuniy migrantlar hisoblanadi. Shuningdek, noqonuniy migrantlarga mamlakatga noqonuniy kirib kelayotgan xorijlik fuqarolar va fuqaroligi bo'lmagan shaxslar; maqsadlari ma'lum qilingan istaklariga muvofiq boMmagan shaxslar ham kiradi. Bunda noqonuniy migrantlar - bu qonuniy va noqonuniy asoslarda, keyinchalik noqonuniy holatga o'tayotgan va noqonuniy ishga joylashayotgan, boshqa mamlakatga ish topish maqsadida kirib kelayotgan shaxslar (turist sifatida va h.k. sabablarga ko'ra xususiy chaqirilayotgan shaxslar) ham kiradi.

Mehnat migratsiyasi - bu mehnat faoliyatini amalga oshirish maqsadida doimiy yashayotgan odamlarning bir hududdan ikkinchi hududga (mamlakatga) qonuniy asoslarda ixtiyoriy ravishda ko'chib o'tishidir. Tashqi mehnat migratsiyasining sub'yektlari bo'lib fuqaroligi bo'lmagan davlatda mehnat faoliyatini amalga oshirmoqchi bo'lgan va amalga oshirayotgan shaxslar hisoblanadi. Tashqi mehnat migratsiyasi xorijlik ishchilarni ishga jalb qilish va o'z fuqarolarini boshqa mamlakatlarga jo'natish bilan bog'liqdir. Xalqaro mehnat tashkilotining baholariga ko'ra, har yili ish qidirib 20 mln.ga yaqin qonuniy migrantlar dunyo bo'ylcha ko'chib yuradi va ushbu jarayon 100 dan ortiq mamlakatni qamrab oladi. Aholining turil maqsadlarda, ya'ni yangi yerlarni o'zlashtirish, daromad topish, o'qish, yashash hamda siyosiy nuqtai nazardan yashash joyini doimiy yoki vaqtincha o'zgartirishiga «aholining mexanik harakati» deyiladi.

Mehnat migratsiyasi aholining yangi ijtimoiy-iqtisodiy sharoitlarga ko'nikishining shakli sifatida, ba'zan aholining ayrim qismining farovonhgini oshirishning yagona imkoniyati sifatida yuzaga chiqadi. Unga turli kasb, ijtimoiy maqom, jins, yosh va ta'lim darajasiga ega odamlar tortilgan.

Mehnat migratsiyasi deganda, odatda mehnatga qobiliyatli aholining ishlab chiqarishni rivojlantirish va joylashtirishdagi o'zgarishlar bilan bog'liq makoniy ko'chib yurishi tushuniladi.

Xalqaro Mehnat Tashkilotining tasnifi bo'yicha mehnat migratsiyasi quyidagi turlarga ajratiladi:

✓ **shartnoma asosida ishlovchilar**. Bu holda migrantlarni qabul qiluvchi davlat tomonidan ularning mazkur mamlakatda bo'lish muddatlari aniq belgilab qo'yiladi. Migratsiyaning mazkur turi asosan ish kuchini mavsumiy (masalan, qishloq xo'jaligi, qurilish) ishlarga jalb qilish bilan bog'liqdir;

✓ **malakali kadrlar migratsiyasi**. Migratsiyaning bu turiga yuqori malakali mutaxassislar yoki ishchilarni imtiyozli tartibda (yuqori ish haqi, boshqa imtiyozlar hisobiga) ishga taklif qilinishi misol bo'la oladi;

✓ **noqonuniy migratsiya.** Bu noqonuniy ravishda boshqa mamlakatlarda mehnat faoliyati bilan shug'ullanishdir;

✓ **qochoqlar**. Migratsiyaning bu toifasiga hayoti xavf ostida qolishi oqibatida boshqa joylarga ko'chishga majbur bo'lganlar kiradi;

✓ **ko'chmanchilar.** Ular doimiy yashash uchun boshqa joyga ko'chib borganlardir.

Mehnat migratsiyasi hudud, ish kuchi malakasi, davomiyligi bo'yicha hamda qonun jihatidan tasniflanadi. (1-rasm).

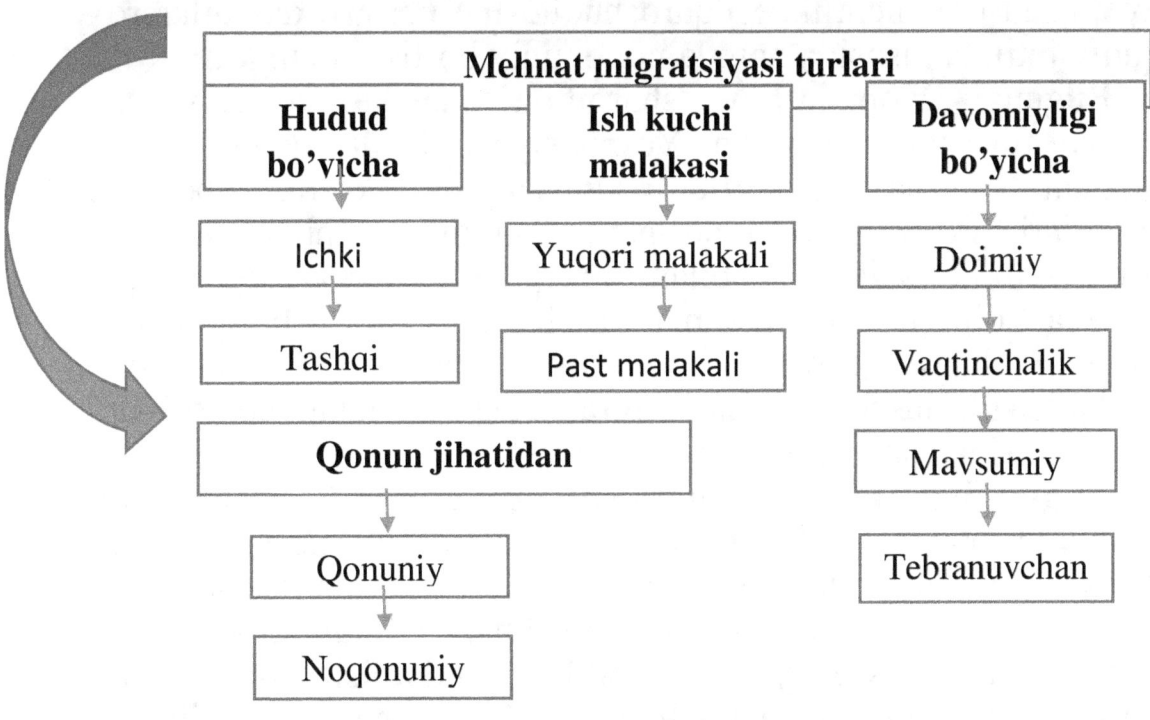

1-rasm. Mehnat migratsiyasi turlari

Mehnat migratsiyasi davomiyligiga qarab:

✓ doimiy yoki uzoq muddatga mo'ljallangan (boshqa mamlakatga doimiy ko'chib ketish yoki qishloq joylaridan shaharga doimiy yashashga ko'chib ketish);

✓ vaqtinchalik (masalan, shartnoma asosida boshqa mamlakatga muayyan davrga ishlash uchun borish);

✓ mavsumiy (masalan, qishloq xo'jaligi ishlariga jalb etish);

✓ tebranuvchan (ish kuchining bir hududdan ikkinchisiga, masalan qishloq joylaridan shaharlarga muntazam qatnab ishlashi).

Mehnat migratsiyasi qonuniy, ya'ni mamlakatda amal qilayot- gan qonunchilik, xalqaro huquq me'yorlari, davlatlararo huquqiy bitimlar asosida hamda noqonuniy bo'lishi mumkin.

Xudud bo'yicha ichki va tashqi mehnat migratsiyasi bir-biridan farqlanadi. Ichki mehnat migratsiyasi bir mamlakat miqyosida, mintaqalar, tuman va shaharlar o'rtasida bo'ladi. «Tashqi mehnat migratsiyasi» deyilganda ish kuchining bir davlatdan boshqa davlatga ko'chib o'tishi tushuniladi. U quyidagi xususiyatlarga ega:

✓ rivojlanayotgan mamlakatlardan rivojlangan mamlakatlarga mehnat migratsiyasi;

✓ rivojlangan mamlakatlar o'rtasida mehnat migratsiyasi;

✓ rivojlanayotgan mamlakatlar o'rtasida mehnat migratsiyasi.

Mehnat migratsiyasi qonuniy, ya'ni mamlakatda amal qilayot- gan qonunchilik, xalqaro huquq me'yorlari, davlatlararo huquqiy bitimlar asosida hamda noqonuniy bo'lishi mumkin.

Bugungi globallashuv sharoitida mehnat migratsiyasi ommaviv tus olgan. Masalan, Yevroosiyo iqtisodiy hamjamiyati mamlakat- larida ekspertlar xulosalariga ko'ra, mehnat rnigrantlari ish bilan band bo'lgan aholining taxminan 4,0-5,0 foizini taslikil etadi. Shu bilan bir qatorda noqonuniy, ya'ni ro'yxatga olinmasdan mehnat faoliyatini olib borayotgan migrantlar ham ko'pchilikni tashkil etadi. O'zbekiston Respublikasida tashqi mehnat migratsiyasi bo'yicha faol davlat siyosati amalga oshirilib kelinmoqda.

Migratsiya shakllari. Migratsiya amalga oshirilish shakllari bo'yicha ijtimoiy-tashkillashtirilgan (davlat yoki ijtimoiy organlar ishtirokida va ularning iqtisodiy ko'magi yordamida amalga oshiriladigan) va ijtimoiy-tashkillashtirilmagan (individual, ya'ni tashkilotlarning tashkiliy va moddiy yordamisiz migrantlar o'zlarining mablag'iari va kuclilari hisobiga amalga oshirilgan) shakllarga bo'linadi.

Migratsiya sabablari. Migratsiyani sabablar bo'yicha tasniflasli muhim ahamiyat kasb etadi. Ulardan quyidagilarni ajratib ko'rsatish mumkin:

• ijtimoiy va iqtisodiy, ularni ko'pincha ajratish qiyin bo'ladi (bo'sh qishloq xo'jalik yerlari va ish qidirish bilan bog'liq ko'chishtar; yuqoriroq daromadlami qidirish bilan; turmush tarzini o'zgartirish maqsadida qishloqdan shaharga ko'chib o'tish va aksincha; yanada yuqoriroq ijtimoiy maqomga ega bo'lish va h.k.larga ko'ra ko'chishlar);

✓ siyosiy - siyosiy ta'qiblardan, irqiy va diniy siquvlardan qochish, siyosiy sharoitlar yoki davlat chegaralarining o'zgarishi bilan bog'liq repatriatsiya (qochoqlar va ko'chirma bo'lganlarning o'z vataniga qaytishi);

✓ harbiy - evakuatsiya, reevakuatsiya va deportatsiya;

✓ etnik (milliy);

✓ demografik (oilalarni birlashtirish, nikoh migratsiyasi);

✓ tabiiy sharoitlar (iqlim);

✓ ekologik sharoitlar - atrof-muhitning ifloslanishi, ekologik halokatlar natijasida aholi ko'chib ketishga majbur bo'ladi.

Migratsiya bosqichlari. Migratsiya jarayoni uch bosqichga bo'linadi.

Birinchi bosqich - ko'chish to'g'risida qaror qabul qilish.

Ikkinchi bosqich - bevosita hududiy ko'chish. U davlat, turli jamoat tashkilotlari yordamida yoki mustaqil amalga oshirilishi mumkin.

Uchinchi bosqich - migrantlarning yangi yashash, ish joyiga va mos ravishda ularning samarali hayot va mehnat faoliyatiga ko'nikishi. Bu bo'yicha barcha migrantlarni sprinter va stayer-migrantlarga ajratish mumkin (bu yerda gap noodatiy va og'ir iqlimiy sharoitlari bo'lgan hududlarga ko'chish haqida ketmoqda). Sprinter-migrantning yangi joydagi mehnati faqat birinchi 2-3 oyliklarda samarali bo'ladi va ularning keyingi ko'nikishi qiyinchiliklar tug'diradi. Stayer-migrantlarda esa mehnatning samaradorligi me'yorlashadi, bir necha oylar mobaynida oshib boradi va ko'nikish jarayoni borgan sari engillashib hamda tezlasha boradi. Migrantlarni aynan shu turkumidan hududning doimiy aholisi shakllanishi va mehnat migratsiyasining samaradorligi sezilari darajada oshishi mumkin. Stayer-migrantlarda esa mehnatning samaradorligi me'yorlashadi, birnecha oylar mobaynida oshib boradi va ko'nikish jarayoni borgan sari engillashib hamda tezlasha boradi. Migrantlarni aynan shu turkumidan hududning doimiy aholisi shakllanishi va mehnat migratsiyasining samaradorligi sezilarli darajada oshishi mumkin.

I.2-§. Aholi migratsiyasi va uning geografik jihatlari

Aholi migratsiyasi - aholining yashash joyini o'zgartirishi bilan bog'liq ko'chishi. Aholi migratsiyasi aholining muhim muammolaridan biri bo'lib, unga kishilarning oddiy mexanik ko'chish harakati deb emas, balki ijtimoiy-iqtisodiy xayotning ko'p tomonlarini qamragan murakkab ijtimoiy jarayon sifatida qaraladi. Aholi migratsiyasi aholini joylashishi, yerni xo'jalik jihatdan o'zlashtirish, ishlab chiqaruvchi kuchlarni rivojlantirish, irqlar, tillar va xalqparning paydo bo'lishi va aralashib ketish jarayonlari bilan bog'liq.

Aholining yashash joyini o'zgartirish maqsadida bir joydan ikkinchi joyga ko'chishi (xarakati) aholi migratsiyasidir. Ba'zan adabiyotlarda aholining qishloqdan shaxarga yoki aksincha shaxardan qishloqqa borib ishlab qaytishini mayantiksimon migaratsiya deb ataladi. Bu to'g'ri emas albatta. Chunki qishloqdan shaxarga yoki shaxardan qishloqqa ishga kelib kechqurun uyga qaytishda, migratsiyaning eng muxim sharti bajarilmaydi- aholi yashash joyi o'zgartirilmaydi. Shuninmg uchun bu jarayonning aholining mayantiksimon xarakati deb atash muvofiqdir.

Ishlab chiqarishni joylashtirishdagi o'zgarishlar bevosita mehnat resurslarini hududiy qayta taqsimlash extiyojini keltirib chiqaradi, bunga esa migratsiya yordamida erishiladi. Yo'nalishiga ko'ra tashqi Aholi migratsiyasi va ichki Aholi migratsiyasi farqlanadi. Tashqi aholi migratsiyasi mamlakatdan chiqib ketish (muhojirlik), ichki Aholi migratsiyasi esa mamlakat doirasida, viloyat va tumanlararo yashash joyining o'zgarishi. Migratsion jarayonlarda ishtirok etuvchilar - migrant (muhojir) lar, migratsiya oqimi shakllanuvchi hudud - migrantlar chiquvchi, ular borgan hudud - migrantlar o'rnashuvchi region deyiladi. Muayyan mamlakatdan boshqa biron-bir mamlakatga aholining ko'chib ketish jarayoni emigratsiya, unda ishtirok etganlar esa emigrantlar deyiladi. Va, aksincha biron bir boshqa mamlakatdan ma'lum mamlakatga aholining ko'chib kelishi immigratsiya, unda ishtirok etganlar immigrantlar (kelgindilar) deyiladi.

Aholi migratsiyasi doimiy (turar joyni uzil-kesil o'zgartirish), vaqtincha (shartnoma asosida ma'lum muddatga ishga, o'qishga va boshqa sabablar bilan mamlakatdagi bir ma'muriy-hududiy birlikdan boshqasiga borish, yoxud xorijga ketish), mavsumiy (iqtisodiyot tarmoqlari - qishloq xo'jalik, undiruvchi sanoat sohasi yumushlari, davolanish, dam olish va boshqa sabablarga ko'ra ko'chish), mayatniksimon (mokisimon) (ertalab ishga, o'qishga ketib, kechqurun uyiga qaytib kelish) migrasiya turlari bo'ladi. Ma'lum vaqt davomida hududga ko'chib kelgan va ko'chib ketgan kishilar soni o'rtasidagi farq migratsiya saldosi deyiladi. Ba'zan migratsiyaga turizm, kurortga borish, ziyorat, shuningdek mokisimon qatnovchilarni ham kiritadilar, lekin turar joyni o'zgartirmagani uchun ularni Aholi migratsiyasiga kiritish mumkin emas. Qishloq aholisi hisobiga shaharlarda yashovchi aholining to'xtovsiz o'sib borish tendentsiyasi ham mavjud. Qishloqlarda yashash sharoitining shaharlarga nisbatan ma'lum darajada noqulayligi, uning ayniqsa yoshlarni iqtisodiy, ijtimoiy va madaniy jihatlardan to'la qondira olmasligi bu tendentsiyaga sabab bo'ladi.

Migratsiya hududlar bo'yicha shahar aholisi migratsiyasi, qishloq aholisi migratsiyasi, oqimlar bo'yicha "shahardan-shaharga", "qishloqdan-shaharga", "shahardan-qishloqga", "qishloqdan-qishloqga" kabi turlarga ajratiladi.

Ilmiy manbalarda aholining bir joydan ikkinchi joyga bo'lgan harakatini ya'ni ko'chishini ifodalashda "aholining migratsion harakati", "aholining mexanik harakati", "emigratsiya", "immigratsiya", "reimmigratsiya" tushunchalaridan foydalanadi. "Aholining migratsion harakati", "aholining mexanik harakati", tushunchalari asosan bir jarayonni-aholini ko'chishini ifodalaydi. Emigratsiya-aholini ma'lum davlatdan ko'chib ketish jarayoni bo'lib, ularni, ya'ni ko'chib ketganlarni emigrantlar deyiladi. Immigratsiya – ma'lum davlatga aholining ko'chib kelish jarayoni bo'lib, ko'chib kelganlarni immigranlar deyiladi. Aholini ko'chib ketgan davlatiga yana qaytib kelishi reimmigratsiya jarayoni hisoblanadi.

Shuni alohida qayd etish lozimki, "emigrant" va "immigrant" tushunchalari uchun alohida yagona ta'rif mavjud emas. Bu tushunchalar bo'yicha har bir davlatning o'z mezonlari bordir. Masalan, Bolgariyada "immigrant" shu davlatga joylashish maqsadida boshqa davlatdan kelganlar: "emigrant" esa Bolgariyani butunlay tashlab boshqa davlatrga kelganlar; Polshada-oldin xorijda, ya'ni boshqa davlatda yashab, keyinchalik shu davlatga doimiy grajdanlik uchun kelganlar-"immigrantlar"deb; Polshadan butunlay ketganlar esa "emigrantlar" deb ataladi. Rossiyaga ishlash yoki o'qish maqsadida 1,5 yildan ko'p muhlatga boshqa davlatga ketganlar "emigrantlar" deb ataladi. AQShda-qonuniy asosda boshqa davlatlardan doimiy yashash maqsadida AQShga kelganlar "immigranlar" deb ataladi, "emigrantlarga" esa ta'rif yo'q.

Aholi migratsiyasi ko'plab omillar ta'sirida sodir bo'ladi. Ularga birinchi navbatda iqtisodiy-ijtimoiy (ishlash, ish qidirish, o'qish bilim olish, turmushga chiqish, uylanish, siyosiy) siyosiy, milliy, diniy, harbiy, ekologik omillarni kiritish mumkin.

Migratsiya jarayonining sodir bo'lishida <u>ixtiyoriy</u> yoki <u>majburiy</u> usullar mavjuddir. Insoniyat tarixida bir qancha majburiy migratsiyalar bo'lgan. Bularga Afrikadan negrlarni Amerikaga ommaviy qul etib majburan haydab kelinishi, Rossiyada Ural zavodlariga ishchilarni majburan olib ketinishi, bizning mamlakatimizda qatag'on yillarida qancha erkaklarni Sibirga majburan mardikorlikka yuborilishi kabilarni misol qilsa bo'ladi. Ixtiyoriy migratsiyaga esa aholini o'z ixtiyori bilan o'qish, ish, oila qurish va rekreatsion maqsadlarda o'z hududlaridan boshqa hududlarga borishi tushuniladi.

XXI boshlarida dunyo hududlarida halqaro migratsion jarayon kuchaydi. Mutaxassislar xalqaro migratsiyada ishtirok etayotgan aholini asosan olti guruhga ajratganlar:

1. Oilaviy va boshqa sabablarga ko'ra, doimiy yashash maqsadida bir davlatdan ikkinchi davlatga ketgan immigrantlar.

2. Migrant-mehnatkashlar.

3. Nolegal immigrantlar.

4. Qochoqlar.

5. Talabalar, stajer-tadqiqotchilar, ilmiy xodimlar va o'qituvchilar.

6. Turli maqsadda ko'chib yuruvchilar-turistlar, dam oluvchilar, anjumanlarga qatnashuvchilar va h.k.

Hozirgi xalqaro migratsiyada asosiy o'rinni mehnat migratsiyasi egallamoqda. Chunki hozirgi davrda insonning yashashi uchun iqtisodiy omilning ahamiyati kuchaydi.

Dunyoda va uning alohida hududlarida jamiyat taraqqiyotining ma'lum bir tarixiy davrlarida va turli ijtimoiy guruhlardagi migratsion harakatni o'rganishda migratsiya ko'rsatkichlaridan foydalaniladi. Ayniqsa migratsiya jarayonini demografik nuqtai nazardan o'rganilganda uning ko'rsatkichlari atroflicha tahlil etiladi.

Migratsiya ko'rasatkichlari:

1. Migratsiyaning absolyut va nisbiy son ma'lumotlari.

2. Migratsion harakatning intensivligi yoki koeffisenti (ma'lum hududda, har 100 yoki 1000 kishiga to'g'ri keluvchi migrantlar soni).

3. Migratsiya saldosi (bir yil davomida ko'chib kelgan aholi bilan, ko'chib ketgan aholining ayirmasiga).

Migratsiya saldosi manfiy yoki musbat bo'ladi va u absolyut (masalan yiliga 3000 kishi)da nisbiy ko'rsatkichlarda (100 va 1000 kishi hisobiga) ifodalanadi. Masalan, O'zbekistonga 2020 yilda 191086 kishi kelgan, va shu yili 203629 kishi O'zbekistondan ketgan. 2020 yil Respublikadagi migratsiya o'sish (migratsiya saldosini) topish uchun yuqorida vayd etilganidek, kelganlar sonidan ketganlar sonini ayiramiz: 191086-203629= -12543. Demak O'zbekistonda 2020 yil kelganlardan ketganlar soni yuqori bo'lgani uchun migratsion o'sish – 12543 kishini tashkil etdi. Ushbu yili migratsiya saldosi manfiy xususiyatga ega bo'lgan. Agar ketganlar sonidan kelganlar soni ko'p bo'lsa migratsiya saldosi musbat xususiyatga ega bo'lar edi. Yuqorida keltirilgan ma'lumotlar migratsiyaning absolyut ko'rsatkichlarini ifodalaydi.

Migrasyaining nisbiy ko'rsatkichlari ma'lum davrda, ma'lum hududga kelganlar va ketganlarni shu hudud aholisining 1000 tasi yoki 100 tasiga nisbatida ifodalanadi. Nisbiy ko'rasatkichlarni kelganlar va ketganlar intensivligi koeffiseti orqali hisoblanadi.

Ketganlar Mi intensivligi koeffisenti quyidagi formulada o'z ifodasini topgan:

$$K = *C$$

Mi – ketgandar soni; R – o'rganilayotgan davrdagi aholining o'rtacha soni; S – konstanta, 1000 aholi (promille). 2020 yil O'zbekistonda ketganlar intensivligi koeffisientini aniqlaymiz:

$$K_{2020} = * 1000 = 6,0$$

Demak, 2020 yil Respublikadan 1000 aholiga nisbatan 6,0 ta kishi ketgan, yoki ketganlar intensivligi koeffisenti 6,0 promillega teng. Kelganlar intensivligi koeffisenti:

$$K = *C$$

Mj – kelgandar soni; R – o'rganilayotgan davrdagi aholining o'rtacha soni;

$$K_{2020} = * 1000 = 5,5.$$

2020 yil O'zbekistonga kelganlar intensivligi koeffisienti 5,5 ‰ ga teng bo'lgan, yoki har 1000 kishiga nisbatan o'rtacha 5,5 ta kishi kelgan. Demak, O'zbekistonda 2020 yili aholining migratsion o'sishi (6,0 – 5,5) =0,5 kishini tashkil etgan. Yoki migratsion o'sish koeffisienti 0,5 ‰ ga teng bo'lgan.

Aholi migratsiyasi insoniyat traqqiyotida muhim ahamiyatga ega bo'lgan jarayondir. Uning ijtimoiy-ivtisodiy faoliyati asosida daryo vodiylari, o'tloqlar, inson yashash uchun tabiiy resurslar mavjud hududlar o'zlashtirilgan, dehqonchilik, chorvachilik rivojlangan, industrial markazlar, resurs shahar, aholi maskanlari barpo etilgan, yer kurrasidagi ko'plab yerlar o'zlashtirilgan. Shuningdek, aholi migratsiyasining o'ziga xos oqibatlari ham mavjuddir. Ba'zi holatlarda aholini markaz shaharlariga haddan ortiq kelishi natijasida ishchi kuchi ortiqchaligi, aholini uy-joy, kiyim-kechak, oziq-ovqat, transport va boshqa hayotiy vositalar bilan ta'minlashda ma'lum muammolar vujudga keladi.

Aholi migratsiyasi hududlarning demografik tarkibiga ham ta'sir ko'rsatadi. Ma'lumki migratsiya natijasida aholi ko'chib ketgan hududning ham, ko'chib kelgan hududning ham demografik holati o'zgaradi. Migratsiyaning roli AQSh, Kanada, Fransiya, Avstraliya kabi davlatlarda o'rtacha 25 foizni tashkil etgan. Boshqacha so'z bilan aytilsa, yuqorida qayd etilgan davlatlarda aholi o'sishining to'rtdan bir qismini immigrantlar hisobiga to'g'ri kelgan.

Migrantlar oqimi yo'nalgan hududlarda migratsiya saldosi ijobiy, ya'ni ko'chib kelganlar soni, ko'chib ketganlar sonidan ortiq bo'ladi. Natijada bunday hududlarda aholi soni o'sib boradi. Aksariyat holatda migratsiyada yoshlar ishtirok etganlari bois migratsion oqim yo'nalgan hudud aholisi tarkibida yoshlar salmog'i ortib boradi. Bu hol o'z navbatida nikoh jarayoniga, oilalar miqdorining oshib borishiga, tug'ilish jarayoniga ijobiy ta'sir ko'rsatadi. Aholi ko'chib ketayotgan hududlarda esa yoshlar salmog'i, jami aholi tarkibida kamayib boradi, mehnat yoshidan katta bo'lgan aholi salmog'i esa ortib borib, hududning demografik holatiga salbiy ta'sir ko'rsatadi.

Aholining bir ijtimoiy-iqtisodiy muhitdan ikkinchi muhitga o'tishi uning demografik mayliga ham (nikohga kirish va oila qurishga, oiladagi farzandlar soniga, oila mustahkamligiga munosabati va h.k.) bevosita ta'sir etadi. Shuningdek, aholi migratsiyasi mehnat resurslari shakllanishida ham muhim omillardan hisoblanadi.

Migrantlar oqimi aholining jinsiy tarkibida o'z aksini topadi. Mehnat resurslari ortib boradi. Natijada qator muammolar yuzaga keladi yoki aksincha mehnat resurslarining kamayib ketish hollari ham yuzaga kelishi mumkinki, bu ham muammolarga sabab bo'ladi.

Insoniyat tarixida uning ko'chib yurishi, ya'ni migratsion harakati juda qadimiy jarayondir. Lekin jamiyat taraqqiyotining alohida davrlarida, shu davrning ishlab chiqarish usuli, munosabatlariga mos holda aholi migratsiyasi o'z turlari maqsad, vazifalari va oqibatlari bilan farq qilgan. Dastlabki mehnat taqsimoti davrida chorvador qabilalarning shakllanishi bilan ko'plab yaylov hududlar o'zlashtirildi, chorvachilik rivojlandi. Chorvador qabilalar cho'llardan o'tib, Shimoliy Afrika, Arabiston hududlarini, keyinchalik esa O'rta va Markaziy Osiyo yaylovlarini egalladilar. Dehqonchilikni rivojlanishi bilan esa aholi ma'lum hududlarda o'troqlashib bordi, qishloqlar shakllandi. Hunarmandchilikni rivojlanishi esa shaharlar paydo bo'lishiga omil bo'ldi. 4-7 asrlarda yer sharida xalqlarning **buyuk ko'chish** jarayoni sodir bo'ldi. Buning asosiy sababi qabilalar aro urushlar, o'z hududlarini kengaytirish, qabilalarning yangi hududlar uchun olib borgan kurashlaridir. Ushbu ommaviy migratsiyada asosan, gunn, german, slovyan va boshqa Yevropa qabilalari ishtirok etganlar. 2 asrning oxiri va 3 asrning boshlarida Yevropaning Shimoliy Harbiy hududlarida qora dengiz sohillariga got qabilalarining migratsiyasi, Ural orti hududlaridan gun qabilasining Yevropaga kelishi, shuningdek Yevropadan Shimoliy Afrikaga bir qancha qabilalarning migratsiyasi (3-4 asr), Italiya va Bolqon yarim oroliga langobard qabilalarining joylashuvi (6-7 asrlar), arablar yurishi davridagi aholi migratsiyalari (7-11 asrlar) xalqlarning buyuk ko'chishi jarayoniga kiradi. Keyingi davrlarda aholining ommaviy migratsiyasi bir muncha sekinlashdi. Faqat ocharchilik, turli epidemiyalar tarqalgan hududlardan aholining ko'chib ketishi kuzatilgan. Buyuk geografik kashfiyotlar davrida yer kurrasida aholining migratsion harakati yana tezlashdi. G'arbiy Yevropa mamlakatlarida tashqi migratsiya kuchayadi. Portugaliya, Ispaniya, Angliya, Fransiya, Gollandiya va Irlandiyadan migratsion oqim Shimoliy Amerikaga tomon yo'naldi. 19 asrga kelib sayyoramiz aholisining migratsion harakati yana ham tezlashdi. Asr boshlarida immigrantlar markazi Buyuk Britaniya, keyinchalik esa AQSh, yangi Zellandiya, Avstraliya va Lotin Amerikasi hisoblangan. 19 asrning boshidan 1914 yilga qadar Yevropadan ketgan emigrantlar soni 50 millionga yetgan.

1939-1945 yildagi ikkinchi jahon urushi Yevropa, Osiyo hududlarida ommaviy aholi migratsiyasiga sabab bo'lgan. Ayniqsa sobiq SSSR hududida aholi migratsiyasi yuqori darajada bo'lgan. Urush olib borilgan hududlardan sobiq SSSRning sharqiy hududlariga millionlab aholi evakuasiya etilgan. Millionlab aholi Germaniyaga og'ir ishlar uchun majburan haydab ketilgan. Urush yillarida Germaniyada har yili o'rtacha 12-15 million xorijdan keltirilgan ishchi qullar mehnat qilganlar.

20 asrning ikkinchi yarimida esa dunyo bo'ylab aholining iqtisodiy migratsiyasi kuchayyadi. 1941-1961 yillarda Yevropa

davlatlaridan Amerikaga ketgan aholining soni 6,9 million kishini tashkil etgan. Ushbu davrda Yevropadan Amerikaga tomon ham aholi migratsion oqimi qayd etiladi.

AQSh, Kanada davlatlarida esa ichki migratsion harakat kuchayadi. 1965 yillardan boshlab AQShga aholi immigratsiyasi bir muncha cheklandi. Faqat ilmiy xodimlar, malakali mutaxassislar, noyob soha mutaxassislari uchun davlatga kelishga alohida ma'muriy imkoniyat yaratildi. (inglizcha brain drain - "utechka" ili begstvo umov, ya'ni aqlning ketishi). Shuningdek, AQSh fuqarolarining qarindoshlari uchun ham AQShga kelish imkoni berildi. 1980 yillarda AQShga 6 million atrofida aholi immigratsiya qilgan.

XX asrning oxirigi choragida Yevropaga tomon migratsion harakat kuchayadi. Aholi turmush darajasi nisbatan yuqori hisoblangan Buyuk Britanniya, Fransiya, Germaniya, Shveysariya va boshqa davlatlarga, yashash sharoiti nisbatan past bo'lgan Italiya, Ispaniya, Gresiya, Turkiya, Shimoliy Afrika, yaqin Sharq davlatlaridan aholi kela boshladi. XX asrning 90 yillarida G'arbiy Yevropada 15 millionga yaqin xorijiy ishchilar qayd etilgan. Turmush darajasi yuqori hisoblangan Yevropa davlatlarida dunyoning turli hududlaridan aholining iqtisodiy migratsiyasi XXI boshlarida ham kuzatilmoqda. Hozirgi davrga kelib dunyo hududlarida ichki migratsion harakat faollashdi. Ilmiy manbalarda migrasyaining bunday turini "yangi hududlarni o'zlashtirish" deb atalmoqda.

AQSh, Kanada, Braziliya va boshqa Amerika davlatlarida sharqiy sohil bo'ylari, harbiy hududlar ichki migratsiya asosida o'zlashtirildi. Bunday jarayonni Avstraliya va Rosiiya davlatlarida ham kuzatiladi. Rivojlanayotgan davlatlarda esa hozirgi davrda ichki migratsion harakat nisbatan kamroqdir. Ichki migratsiya asosan agrar, aholisi juda ko'p hududlardan shaharlarga tomon yo'nalganligi qayd etilmoqda. Rivojlanayotgan davlatlarda ichki migratsiyaning kuchayganligi asosan transport va kommunikasiya xizmatining yuqori darajada ekanligi bilan bog'liqdir. AQShda hozirgi davrda aholining uchdan bir qismi o'zlari tug'ilgan shtatlarda yashamaydilar.

Yer qurrasida XX asrning boshlarida aholi migratsiyasi tarkibida qochoqlar, majburiy migrantlar(milliy to'qnashuvlar, siyosiy kurashlar, ochlik va h.k tufayli) salmog'i ham ahamiyatlidir. Qochoqlarning ichki va tashqi oqimi Osiyo (Afg'oniston, Eron, Livan, Hindiston) Lotin Amerikasi (Chili, Nikaragua, Kuba) Afrika (Efiopiya, Sudan, Gad) davlatlarida, shuningdek Rossiyada ham kuzatilmoqda.

I.3-§. O'zbekistonda aholi migratsiyasi

O'zbekistonda aholi migratsiyasi o'ziga xos xususiyatga ega hisoblanadi. Aholi migratsiyasi O'zbekiston uchun salbiy bo'lishi mumkin, chunki bu jarayonning o'zida qo'shimcha xarajatlar, ishlab chiqarishni kamaytirish, ta'lim va sog'lomlik sohasida muammolar va boshqa muammolarni o'z ichiga oladi. Shuningdek, aholi migratsiyasi xizmat sohasida va boshqa sohalarda ham katta muammolarga olib kelishi mumkin.

O'zbekistonda aholi migratsiyasini kamaytirish uchun, ish imkoniyatlari, ta'lim va sog'lomlik sohasida qo'llaniladigan qo'shimcha xarajatlar va boshqa ko'rsatkichlar yaxshilashgan holda, insonlar o'z mamlakatlarida yashashga qaror qilishlari va o'z mamlakatlarida ishlab chiqarishni kuchaytirishlari kerak. Shuningdek, yoshlar uchun ta'lim muassasalarining sifatini yaxshilash va kasbiy tayyorgarlikni kuchaytirish ham zarurdir.

O'zbekiston hududida ham aholining migratsion harakati uning ijtimoiy-iqtisodiy, siyosiy holati ta'sirida juda qadimdan boshlab mavjud bo'lgan. Uzoq o'tmishda ko'chmanchi qabilalarning yurishi, podsholiklar, xonliklar davrlaridagi urushlar, Buyuk Ipak yo'li bo'ylab savdo karvonlarining harakatlari, O'zbekiston hududida Samarqand, Buxoro kabi diniy, ilmiy markazlarning faoliyat ko'rsatishi o'lkada tashqi va ichki migratsiyaning muntazam davom etishiga omil bo'lgan.

Ayniqsa, XIX asr Turkiston o'lkasining Rossiya koloniyasiga aylanishi davri, aholi migratsiyasini kuchaygan davri hisoblangan. Ko'plab oilalar Rossiyadan O'zbekiston hududiga ko'chib kela boshladi. Dastlabki rus posyolkalari Sirdaryo viloyati hududida tashkil topdi. 1890 yilda Sirdaryoda 20 ta rus posyolkalari, 1300 ta oila yashaganligi manbalarda qayd etilgan[1].

XIX asr boshida Turkistonda 74 rus posyolkakalari bo'lib, ular asosan Sirdaryo va Toshkent shaharlarida joylashganlar. Keyinchalik Farg'ona, Samarqand viloyatlariga ham Rossiyadan kelgan immigrantlar joylasha boshladilar. Toshkent, Samarqand, Qo'qon, Farg'ona va boshqa shaharlarda zavod fabrikalar qurilib, ularning ishchilari tarkibida ham Rossiyadan kelganlar salmog'i yuqori edi. 1911 yilda Toshkent shahar aholisining 25 foizi eski Marg'ilon aholisining 30 foizi, Samarqand aholisining 20 foizi va Andijonda 15 foiz aholini ruslar tashkil etgan. Umuman XX asr

---

[1] Максакова Л.П. Миграция населения. Ўзбекистан, Ташкент 2000, с 11.

boshlarida Turkistonda 702 ta korxona faoliyat koʻrsatgan boʻlib, korxona ishchilarining 25 foizini Rossiyadan kelgan migrantlar tashkil etgan.[2]

Sobiq sovet davrida ham Oʻzbekistonda aholi migratsiyasi faol davom etadi. Bir qancha korxonalar-tekstil, qogʻoz fabrikalari, oʻz ishchilari mutaxassislari bilan birga Oʻzbekistonga koʻchirilgan. 1926 yil Respublikada oʻtkazilgan aholi roʻyxati maʼlumotlarida oʻlka aholisini 8,3 foizini boshva hududlardan kelgan migrantlar tashkil etganligi qayd etiladi. XX asrning dastlabki 30-40 yillarida Oʻzbekistonda tashqi va ichki migratsion jarayonlar jadallashdi. Tashqi migratsiya bilan bir qatorda qishloqdan shaharlarga tomon (Qarshi, Kogon, Termez, Urganch, Chimboy, Xujayli, Samarqand, Toshkent, Fargʻona, Andijon shaharlariga) koʻplab yoshlarning ishlash, oʻqish maqsadida kelishi ichki migratsiyaga sabab boʻldi. Shuningdek, Oʻzbekistondan Rossiya va Ukraina shaharlariga oʻqish, malaka oshirish maqsadida minglab yoshlar ketganlar.

Ikkinchi jahon urushi davrida Respublikada tashqi mirasiya yana ham jadallashdi. Oʻzbekistonga Rossiyadan va Sobiq SSSRning boshqa Yevropa hududlaridan millionga yaqin aholi, 90 ta zavod (V.P.Chkalov, Sredazkabel, Chirchiqselmash, Uzbekselmash, Tashtekstilmash, Podyomnik va boshqalar) ishchi kadrlari bilan evaukuasiya etilgan. Urushdan keyingi yillarda ham Oʻzbekiston aholisining migratsiya hisobiga koʻpayib borishi ancha yuqori boʻlgan, Respublikaning migratsion aloqalari geografiyasi kengaygan. Oʻzbekistonga Rossiya, Ukraina bilan bir qatorda Boltiqboʻyi, Kavkaz, Oʻrta Osiyo, Qozogʻiston, Belorussiya, Moldava hududlaridan aholi turli maqsadlarda kela boshlaganlar. 1961-1975 yillarda Respublikaga 1798,3 aholi kelgan boʻlsa 56,6 foizi Rossiyadan, 16,8 foizi Oʻrta Osiyo Respublikalaridan, 16,2 foizi Qozogʻistondan, qolgan 10,4 foiziini yuqorida qayd etilgan davlatlardan kelganlar tashkil etgan.[3] Oʻlka aholisi migratsiya hisobiga 391, 4 ming kishi hisobiga koʻpaygan.

Oʻzbekistonga migrantlarning ommaviy kelishiga Toshkent zilzilasi (1966y) ham sabab boʻlgan. Zilzila oqibatlarini bartaraf etishga yordam berish maqsadida Rossiya va boshqa hududlardan minglab quruvchilar, arxitektorlar, malakali mutaxasislar kelganlar va ularning bir qismi Oʻzbekistonda qolib ketganlar.

---

[2] Қайд этилган манба, 18 бет

[3] Ўша манба, 24 бет

XX asrning 1970-1989 yillarida O'zbekistonda umumiy migratsion jarayonda respublikalararo tashqi migratsiya salmog'i kamayib ichki migratsion harakatlar salmog'i asta-sekin oshib bordi. 1970 yilda Respublikada ichki migratsiya jami migratsiyaning 49,9 foizini, 1975 yilda 53,2 foiz, 1980 yilda 62,5 foiz,1988 yilda 65,3 foizni tashkil etgan. Tashqi migratsiya esa ushbu davrlarda mos ravishda 50,1 foiz; 46,8foiz; 37,5 foiz va 34,7 foiz bo'lgan.

1985-1990 yillarda sobiq SSSRdagi siyosiy ahvolning o'zgarishi, ushbu davlatning parchalanishi jarayoni shakllana boshladi. Natijada O'zbekistonda mahalliy bo'lmagan qator halqlar o'z ona vatanlariga ketish harakatida bo'ldilar. O'zbekistondagi umumiy migratsiya jarayonida yana tashqi migratsiya salmog'i osha boshladi. 1988 yilda O'zbekistonda migratsiyada ishtirok etgan jami aholi tarkibida tashqi migratsiya salmog'i 42,5 foizni, ichki migratsiya esa 57,5 foiz bo'lgan.

1980 yillarga qadar O'zbekistonda tashqi migratsiya musbat xususiyatga ega edi, ya'ni Respublikadan ketganlar soniga nisbatan kelganlar soni ko'p bo'lgan. 1970 yilda Respublikaga 154,6 ming kishi boshqa respublikalardan kelgan va 122,3 ming kishi esa boshqa Respublikalarga ketgan. Migratsiya saldosi (154,6-122,3) 32,3 ming kishiga teng bo'lgan, yoki respublika aholisi tashqi migratsiya hisobiga 32,3 ming kishiga ko'paygan. Shuningdek migratsiya saldosi 1975 yilda 24,8 kishini tashkil etgan. Lekin 1980 yilda O'zbekistonda migratsiya saldosi -5,9 ming kishini, 1988 yilda -48,5 kishini, 1990 yilda esa -139,9 ming kishini tashkil etgan.[4]

XX asrning oxirigi yillariga kelib sobiq SSSRning parchalanishi va uning tarkibidagi qator davlatlarni, jumladan O'zbekistonning ham mustaqil taraqqiyot yo'lini tutishi aholining migratsion harakatida keskin o'zgarishlarga sabab bo'ldi. Respublikaning yangi iqtisodiy, siyosiy sharoitga o'tishi, ishlab chiqarishda yuzaga kelgan muammolar, inflyasiya jarayonining rivojlanishi, o'lkadaga ma'lum ijtimoiy-iqtisodiy qiyinchiliklar tufayli O'zbekistonda yashab kelayotgan ko'plab mahalliy bo'lmagan xalqlar o'z ona yurtlariga keta boshladilar. 1989-1991 yillarda 375 ming yuqorida qayd etilgan xalq vakillari O'zbekistondan ketdilar. Ushbu yillarda har yili Respublikadan o'rtacha 125 ming kishi ketganligi qayd etilgan.

---

[4] О.Б.Ата-Мирзаев "Народанаселение Узбекистана История и современность" Ташкент-2009, с 69

Mustaqilllikning dastlabki 5 yilligida Respublikada ijtimoiy-iqtisodiy holat bir muncha stabillashib bordi. Natijada O'zbekistondan boshva davlatlarga ketish jarayoni 2 barobarga qisqardi. O'zbekistondagi 1989-1997 yillardagi migratsiya jarayoni etnik xarakterga ega edi. Respublikadan asosan ruslar, ukrainlar, beloruslar, armanlar, tatarlar kabi rusiy zobon xalqlar keta boshlagan. Shuningdek yahudiylar, nemslar ham emigratsiyada ishtirok etgan xalqlardandir.

XXI asrning dastlabki yillarida O'zbekistonda aholining migratsion harakati bir muncha sustlashgan bo'lsada hamon migratsiya saldosi manfiy xususiyat kasb etmoqda. 1991 yilda O'zbekistonda migratsiya saldosi -30,2 ming kishini, 2000 yilda-66,6 ming kishini, 2020 yilda esa -12,5 ming kishini tashkil etgan.

Hozirgi davrda O'zbekistonning migratsion aloqalari Rossiya va boshqa MDH davlatlari, G'arbiy Yevropa, Amerika va uzoq sharq davlatlari bilan qayd etilmoqda. 2020 yilda Respublikadan 200 mingdan ortiq aholi ko'chib ketgan bo'lsa, undan 98 foizi MDH va Boltiq davlatlariga, 2,0 foizi esa boshqa xorijiy davlatlarga ketganlar. Bugungi kunda O'zbekistondaga emigratsiya jarayoniga asosan mehnat migratsiyasi sabab bo'lmoqda.

O'zbekistonda hozirgi davrda ichki migratsiyada qishloqdan shaharga, kichik shaharlardan yirik shaharlarga bo'lgan oqim xarakterlidir. Respublikada ishlash, o'qish maqsadida aholining ayniqsa mehnat yoshidagi aholining katta shaharlarga va ularning atrofiga kelishga bo'lgan harakatlari hozirda ham davom etmoqda.

O'zbekistonning mustaqil davlat sifatida dunyo mamlakatlari bilan xalqaro iqtisodiy munosabatlar o'rnatishi o'z o'rnida halqaro mehnat bozorida ham faol bo'lishni taqozo etadi. Shu sababli ham mamlakat migratsiya jarayonlarni o'rganish, uning hududiy jihatlarini tadqiq qilish maqsadga muvofiq. O'zbekistonda migratsiya jarayonlari bir qator omillar bilan bog'liq. Tashqi migratsiyada ijtimoiy-iqtisodiy va siyosiy omillar asosiy rol o'ynasa, ichki migratsiyada ijtimoiy-iqtisodiy va ekologik omillar ta'sir ko'rsatmoqda. Mamlakatdagi migratsiya jarayonlarning, eng ayniqsa tashqi migratsiyaning keskin o'zgarishiga, immigrantlar salmog'ining emmigrantlarga qaraganda past tendensiyasiga ega ekanligiga sabab bo'luvchi eng katta omil – bu davlat mustaqillikka erishishidir. Mamlakat mustaqillikka erishgach iqtisodiy va ijtimoiy sohalarda ayrim tub burilishlar amalga oshirildi. Dastlabki mustaqillik yillarida ko'plab rus va rusiyzabon xalqlar o'z ona yurtlariga ko'chib ketishdi.

Aholi soni ko'p, zichligi katta, tug'ilish darajasi yuqori bo'lgan hududlarda migratsiya jarayonlari jadal kechadi. Tadqiqotchi K. Kalanovning izohiga ko'ra, O'zbekiston aholisining uzoq xorijiy mamlakatlarga tashqi migratsiyasi:
- Rasmiy doimiy emmigratsiya;
- Rasmiy vaqtinchalik emmigratsiya;
- Norasmiy emmigratsiya;
- Ekologik emmigratsiya;
- Intellektual immigratsiya shaklida namoyon bo'ladi.[1]

O'zbekiston fuqarolarining MDH davlatlariga migratsiyasi (gasterbayterlar va yollanma ishchilar); doimiy rasmiy migratsiya (fuqarolikni olish); vaqtinchalik etnik migratsiya (etnik vatanga borib ishlash); intelektual migratsiya (tadqiqotchilar, olimlar, talabalar va xk.)

Yuqoridagi omillardan kelib chiqqan holda shuni alohida ta'kidlash lozimki, emigrantlarning asosiy qismi yollanib ishlash uchun, xalq tili bilan aytganda "tirikchilik" o'tkazish uchun moddiy mablag' orttirish maqsadida migratsiyani amalga oshirmoqda. Qolgan qismi esa bilim va malakasini oshirish, rusiyzabon aholining katta qismi esa tarixiy vatanlariga doimiy yashash uchun ketishmoqda. Statistik ma'lumotlarga ko'ra, O'zbekistonda aholining ishsizlik darajasi 2000 -2004 yillarda 0,4% ni tashkil qilgan bo'lsa, 2007-2017 yillarda 4,9-5,8%ni, oxirgi yillarda esa 9,0-10,5% ni tashkil etmoqda2 . Ayniqsa pandemiya (COVID-19) bilan bog'liq vaziyat aholining ish jarayoniga, oilalarning daromadiga ham ta'sir ko'rsatdi. Pandemiya paytida 2019 yilga nisbatan ishsizlik darajasi 1,5%ga o'sgan. Viloyatlar kesimida ishsizlik darajasi 2021 yilda eng yuqori bo'lgan hududlar – Qashqadaryo, Surxondaryo (11,1%), Jizzax va Samarqand (11,0%) viloyatlari, eng past ko'rsatkich esa Toshkent shahrida kuzatilgan bo'lib 8,0% ni tashkil qiladi. Statistika qo'mitasining bergan ma'lumotiga qaraganda, 2019 yil xorijiy mamlakatlardan ko'chib kelganlar 2527 ming kishini tashkil qiladi va ularning asosiy qismi qo'shni respublikalardan kelgan migrantlar hisoblanib, Qozog'iston 33,2% , Rossiya Federatsiyasi 23,3%, Tojikiston 21,4% va Qirg'iziston 12,1% ni tashkil qiladi. Aksincha, chet elga ketgan migrantlar 13246 ming kishini tashkil qilgan holda, Qozog'istonga 57,5%i, Rossiya Federatsiyasiga 37,7% va AQSHga 0,8% ko'chib ketgan. Bundan shuni xulosa qilish joizki, ko'chib kelganlarga nisbatan ko'chib ketganlar miqdori 5 barobar yuqoridir.

II – BOB. ANDIJON VILOYATIDA TASHQI MEHNAT MIGRATSIYASINI GEODEMOGRAFIK O'RGANISH

II.1-§. Andijon viloyati aholi dinamikasiga migratsiyaning ta'siri

Andijon viloyati 1941 yil 6 mart kuni tashkil etilgan. 2023 yil 1 yanvar xolatiga ko'ra viloyat tarkibida 14 ta tuman, 11 ta shahar, shundan 2 ta viloyatga bo'ysunuvchi shahar, 79 ta shaharcha va 455 ta qishloq aholi punktlari mavjud.

Andijon viloyati xududi buyicha O'zbekistondagi eng kichik viloyat bo'lib, unga respublika yer maydonining atigi 0,9 foizi to'g'ri keladi. Yer maydonining kichikligiga qaramasdan, Andijon viloyatida respublika aholisining 9,2 foizi istiqomat qilmoqda. Mazkur ko'rsatkich buyicha Andijon. viloyati faqat Samarqand (4031,3 ming kishi), Farg'ona (3896,4 ming kishi) va Qashqadaryo (3408,3 ming kishi) viloyatlaridan keyingi 4-o'rinda turadi.

Andijon - O'zbekistonning shaharlar tarmog'i nisbatan rivojlangan viloyatlaridan biri xisoblanadi. 2022 yil ma'lumotlariga ko'ra, viloyat shaharlarida 1734,5 ming kishi yashamoqda. Bu respublikadagi barcha shahar aholisining salkam 9,7 foiziga yaqinini tashkil etadi.

Viloyat yer maydonining nisbatan kichikligi va ayni paytda tabiiy sharoitining qulayligi aholi soni va uning zichligiga ijobiy ta'sir ko'rsatgan. Viloyatdagi aholi zichligi 1 kv. km. ga 772,7 kishi to'g'ri keladi. Bu O'zbekiston bo'yicha eng yuqori ko'rsatkich hisoblanadi.

Aholi va ishlab chiqarishning joylashuvi bir-biri bilan chambarchas bog'liqdir, ya'ni aholi ishlab chiqarishning joylashuviga, mamlakat va mintaqa iqtisodiyotiga katta ta'sir ko'rsatsa, ishlab chiqarish ham aholining hududiy tashkil etilishiga bevosita ta'sir ko'rsatadi. Aholi ishlab chiqaruvchi xam, iste'mol qiluvchi xamdir va "binobarin iqtisodiyot aholi va mexnat resurslari bilan boshididan to oxirigacha bir butun holda bog'langan, deb aytish mumkin.

Bugungi kunda respublikadagi mavjud demografik vaziyatni hisobga olish, aholi soni, uning dinamikasi va tarkibi, yildan-yilga mutlaq miqdori ortib borayotgan aholi sonini chuqur tarkibiy o'zgarishlarni taxlil etish ham ilmiy, ham amaliy ahamiyatga egadir. Viloyat aholisi sonining kattaligi, uning o'ta zich joylashganligi aholi bilan bog'liq muammolarning murakkablashuviga olib kelayotgan asosiy omillardan biri hisoblanadi. Ushbu jarayonlarni to'g'ri tushunish uchun aholi dinamikasi, tarkibini atroflicha tahlil etib, ularga to'g'ri va oqilona baho berish lozim.

Andijon O'zbekiston Respublikasining o'ziga xos yo'l bilan shakllanuvchi va rivojlanuvchi viloyatlaridan biridir. Viloyat aholi soni va dinamikasining tadqiqoti uning o'zgarishi sezilarli bo'lgan va bir-biridan farq qiluvchi ijtimoiy-iqtisodiy davrlarni alohida ajratishga imkon beradi. Andijon viloyati aholi soni dinamikasida respublikada bo'lgani kabi, umumiy xususiyatlar mavjud. Shu bilan birga viloyat aholisi sonining o'zgarishiga faqat uning o'ziga xos bo'lgan omillar va shart-sharoitlar ham ta'sir ko'rsatmoqda.

1-jadval

O'zbekiston Respublikasi va Andijon viloyati aholisi soni va dinamikasi

Yillar	Aholi soni, ming kishi hisobida		Aholi sonining o'rtacha yillik o'sish sur'atlari, foiz hisobida		Aholi zichligi, 1 kv.km.ga kishi hisobida		mamlakatdagi ulushi, foiz hisobida
	O'zbekiston Respublikasi	Andijon viloyati	O'zbekiston Respublikasi	Andijon viloyati	O'zbekiston Respublikasi	Andijon viloyati	
1959	8119	768	-	-	19	183	9,4
1970	11799	1059	3,5	3,2	26	252	9,0
1979	15391	1349	2,9	2,4	34	321	8,8
1989	19780	1720	2,5	2,4	44	410	8,7
1990	20222	1754	2,2	2,0	45	418	8,7
1991	20608	1789	1,9	2,0	46	426	8,7
1992	21106	1833	2,4	2,4	47	436	8,7
1993	21602	1893	2,3	3,3	48	451	8,7
1994	22092	1945	2,3	2,7	49	463	8,8

1995	22462	1987	1,7	2,2	50	473	8,8
1996	22907	2034	2,0	2,4	51	484	8,9
1997	23349	2076	1,9	2,1	52	494	8,9
1998	23772	2115	1,8	1,9	53	500	8,9
1999	24136	2152	1,5	1,7	54	504	8,9
2000	24488	2186	1,4	1,6	55	508	8,9
2001	24967	2234	1,9	2,1	56	520	8,9
2002	25116	2247	1,6	1,6	56	522	8,9
2003	25428	2280	1,4	1,5	57	530	8,9
2004	25707	2309	1,1	1,3	57	536	9,0
2005	26021	2343	1,2	1,5	58	544	9,0
2006	26313	2376	1,1	1,4	59	552	9,0
2007	26664	2410	0,9	1,4	59	560	9,0
2008	27072	2451	1,5	1,7	60	570	9,0
2009	27533	2499	1,7	1,9	61	581	9,1
2010	28001	2549	1,7	2,0	62	592	9,1
2011	29123	2672	4,0	4,8	65	621	9,1
2012	29555	2714	1,5	1,6	66	631	9,2
2013	29993	2756	1,5	1,6	67	640	9,2
2014	30493	2805	1,7	1,8	68	652	9,2
2015	31022	2857	1,7	1,8	69	664	9,2
201	31575,3	2962,	1,7	1,7	70,3	689,0	9,4

6		5					
2017	32120,5	3011,7	1,7	1,7	71,6	700,4	9,4
2018	32656,7	3066,9	1,7	1,8	72,7	713,2	9,4
2019	33255,5	3127,7	1,8	2,0	74,1	727,4	9,4
2020	33905,2	3188,1	1,9	2,0	75,5	741,4	9,4
2021	34558,9	3253,5	1,9	2,0	77,0	756,6	9,4
2022	35271,3	3322,7	2,0	2,1	78,6	772,7	9,4

Jadval O'zbekiston Respublikasi Statistika qo'mitasi ma'lumotlari asosida muallif tomonidan ishlab chiqildi

O'zbekiston Respublikasi va Andijon viloyati aholisining dinamikasi kuzatilayotgan davr, ya'ni 1959 - 2022 yillar ichida aholi soni tez sur'atlar bilan o'sdi. Andijon viloyatida aholi soni 1959 yili 768 ming kishini tashkil etgan bo'lsa, 2022 yilga kelib 3322,7 ming kishiga yetdi (5- jadvalga qarang). 60 yildan ortiq vaqt (1959-2022 yillar) ichida viloyat aholisi 2554 ming kishiga yoki 4,3 baravarga ko'paydi. Bu davr ichida respublika aholisi 4,3 martadan ko'prok ko'payishga erisha olgan. Bundan ko'rinadiki, respublika aholisi va Andijon viloyati aholisining o'sish sur'atlari teng bo'lgan. Lekin Andijon viloyati aholi dinamikasiga xos bo'lgan o'ziga xos xususiyatlar ham mavjuddir.

Andijon viloyati aholi dinamikasida respublika aholi dinamikasiga nisbatan farq qiluvchi uch davrni ajratish mumkin:

1. Aholi o'sishi nisbatan past bo'lgan davr (1959 - 1990 yillar);
2. Aholi o'sishi tenglashgan davr (1991 - 1992 yillar);
3. Aholi o'sishi nisbatan yuqori bo'lgan davr (1993 - 2022 yillar).

Birinchi davr, ya'ni 1959-1989 yillarda Andijon viloyati aholisi respublika aholisiga nisbatan o'sish sur'atlari past bo'ldi. Bu yillar oraligida respublika aholisi 2,4 baravarga ko'paygani xolda Andijon viloyati aholisi 2,2 baravarga ko'paydi, xolos. Aholining o'sish sur'atlari respublika ko'rsatkichlariga nisbatan ancha past bo'lgan.

Ikkinchi davr(1991-92 yillar)da esa Andijon viloyati aholisi respublikaga mos holda deyarli teng ko'paydi, hattoki bir oz yuqoriroq ko'rsatkichga xam ega bo'ldi.

Uchinchi davrda viloyat aholisi sonining o'rtacha yillik o'sish sur'atlari nisbatan yuqori bo'lgan. Bu davrda respublika aholisi 1,6 va Andijon viloyati aholisi 1,7 martaga ko'paydi. Shu bilan birga, bu davrda Andijon viloyat aholisining Markaziy Farg'ona, Mirzacho'l kabi qo'riq yerlarni o'zlashtirishda faol qatnashganini aytib o'tish joizdir. Undan tanqari Andijon viloyatida mehnat resurslari sonining keragidan ortiqcha miqdorga ega ekanligi mamlakatning boshqa viloyatlaridan ancha yillar ilgari sezildi. Aholining boshqa joylarga ko'chib ketish holati viloyatda 1960-70 - yillardayoq kuzatila boshlangan va bu jarayon xozir xam davom etmoqda. Mustaqillik yillarida viloyat aholisining soni, o'sish sur'atlari va joylashuviga hamda tarkibiga katta ta'sir ko'rsatdi. Shuning uchun ham 1989 yildan keyingi davrda viloyat aholisining o'sish sur'atlari respublika viloyatlari miqyosida ancha past sur'atlari bilan ifodalanadi. O'sish sur'atlari shu davrda juda notekis bo'lib, 1995-98 yillardan keyin aholi dinamikasi birmuncha barqarorlashdi. So'nggi paytda aholi sonining o'rtacha yillik o'sish sur'atlari respublika ko'rsatkichlaridan bir oz yuqoriroq bo'lmoqda.

Aholi sonining o'rtacha yillik o'sish sur'atlari juda yuqori (3,0 foiz va undan ortiq) bo'lgan davr respublikada 1970-yillarda, Andijon viloyatida esa 1990 yillarning o'rtalarida kuzatildi. Eng past ko'rsatkichlar esa 2003 yillarga (1,5-1,8 foiz) to'g'ri keladi.

Ma'lumki, 1990 yillardan butun respublika buyicha aholining o'rtacha yillik o'sish sur'atlari bir me'yorda kamayib kelmoqda. Bu xodisa Andijon viloyatida 1991 yildan buyon kuzatiladi. 2003 yildan keyin mamlakatda va Andijon viloyati aholisining o'rtacha yillik o'sish sur'atlari doimiy ravishda ortib kelmoqda.

Aholi dinamikasidati farqlar uning mamlakat miqyosidagi salmog'ining doimiy o'zgarib turishiga sabab bo'ldi. Mazkur ko'rsatkich 1959 yili 9,4 foizni tashkil etgan bo'lsa, 1989 - 1993 yillar oraligida juda pasayib ketdi (8,7 - 8,8 foiz). 2004 yildan buyon esa 9 foizdan ortiqni tashkil etib kelmoqda.

Andijon viloyatida shahar va qishloq aholisining soni har hil sur'atlar bilan o'sishi xosdir. Andijon viloyati shaharlarida 1734,5 ming kishi yoki viloyat aholisining 52,2 foizi istiqomat qiladi (2022 yil).

2-jadval

O'zbekiston Respublikasi va Andijon viloyati urbanizatsiya darajasi o'sishi

Yillar	O'zbekiston Respublikasi	Andijon viloyati

	Shahar aholisi	Qishloq aholisi	Shahar aholisi	Qishloq aholisi
1959	33,6	66,4	22,6	77,4
1970	36,6	63,4	24,1	75,9
1979	41,2	58,8	28,7	71,3
1989	40,7	59,3	32,2	67,8
1991	40,3	59,7	32,3	67,7
1995	40,0	60,0	30,1	69,9
1999	37,6	62,4	29,9	70,1
2005	36,1	63,9	29,5	70,5
2008	35,8	64,2	29,2	70,8
2009	51,7	48,3	53,6	46,4
2014	51,0	49,0	52,6	47,4
2015	50,7	49,3	52,5	47,5
2016	50,6	49,3	52,3	47,7
2017	50,6	49,4	52,4	47,6
2018	50,6	49,4	52,3	47,7
2019	50,5	49,5	52,3	47,7
2020	50,6	49,4	52,2	47,8
2021	50,7	49,3	52,2	47,8
2022	50,7	49,3	52,2	47,8

Jadval O'zbekiston Respublikasi Statistika qo'mitasi ma'lumotlari asosida tuzildi.

2009 yilda O'zbekistonning ma'muriy-hududiy tuzilishining o'zgarishiga va yirik qishloqlarga shaharcha maqomining berilishi munosabati bilan urbanizatsiya jarayonining umumiy demografik ko'rsatkichi 51,0 foizga yetdi. Bungacha mamlakatda urbanizatsiya darajasi 35,8 % va Andijon viloyatida 29,2 % ni tashkil etgan (2008 yil). 2009 yilda amalga oshirilgan urbanistik siyosat natijasida mamlakatda urbanizatsiya darajasi 15,9 % ga ortib, 51,7 %ni tashkil qilgan bo'lsa, bu ko'rsatkich Andijon viloyatida 23,3 % ga ortib 52,5 % ni tashkil etgan. 2009-2022 yillar mobaynida qishloq aholisi o'sish sur'atini yuqori bo'lishi natijasida mamlakatda urbanizatsiya darajasi 1,0 % ga va andijon viloyatida 1,4 % ga pasaygan.

Viloyat shahar aholisining mutloq soni 1959-2022 yillarda 8,6 baravarga ko'paygan bo'lsa, qishloq aholisining mutlaq soni atigi 4,8 martaga ortdi.

Andijon viloyati aholi dinamikasida migratsiya saldosining ahamiyati katta bo'lgan. Viloyat aholi migratsiyasi mamlakatning ko'plab hududlari qatori manfiy saldoga ega bo'lib kelgan (3-jadval).

3-jadval.

Andijon viloyatida aholi migratsiyasi

	2010	2011	2012	2013	2014	2015	2016	2017	2018	2019	2020	2021	2022
Andijon vil													
Andijon sh.													
Jalaquduq													
Marhamat													
Shahrixon													
Paxtaobod													
Xonobod sh.													
Xo'jaobod													

Oltinko'l													
Andijon													
Baliqchi													
Bo'ston													
Buloqboshi													
Izboskan													
Ulug'nor													
Qo'rg'ontepa													
Asaka													

Jadval Andijon viloyati statistika boshqarmasi ma'lumotlari asosida muallif tomonidan tuzildi

Yuqoridagi jadval ma'lumotlari tahliliga ko'ra Andijon viloyatida 2010-2022 yillarda doimiy ravishda migratsiya saldosi manfiy bo'lib kelgan. Shuningdek, viloyatning tuman va shaharlarida migratsiya saldosi turlicha ko'rinishga ega hisoblanadi. Viloyat tuman va shaharlarini migratsiya saldosiga ko'ra quyidagi uch guruhga ajratish mumkin:

✓ Migratsiya saldosi doimiy manfiy bo'lgan tumanlar (Andijon shahri, Jalaquduq, Marxamat, Shahrixon, Paxtaobod);

✓ Migratsiya saldosi keyingi yillarda musbat bo'lgan tumanlar (Honobod shahri, Ho'jaobod tumani);

✓ Migratsiya saldosi doimiy musbat bo'lgan tumanlar (Oltinko'l, Andijon);

✓ Migratsiya saldosi keyingi yillarda manfiy bo'lgan tumanlar (Baliqchi, Bo'ston, Buloqboshi, Izboskan, Ulug'nor, Qo'rg'ontepa, Asaka).

Migratsiya saldosi manfiy bo'lgan tuman va shaharlar o'zining yuqori demografik salohiyatga ega tuman va shaharlar ekanligi bilan ajralib tursa, keyingi yillarda migratsiya saldosi musbat bo'lgan Honobod shahrida turizmning, Ho'jaobod tumanida yengil sanoatning rivojlanishini, doimiy musbat saldoga ega bo'lgan Oltinko'l va Andijon tumanlarini Andijon shahriga qo'shni ekanligi kabi omillar bilan izohlash mumkin. Shuningdek, keyingi yillarda migratsiya saldosi manfiy bo'lgan Bo'ston, Ulug'nor tumanlarida nisbatan noqulay tabiiy-iqlim sharoiti va Izboskan, Buloqboshi, Qo'rg'ontepa va Asaka tumanlarida yuqodi demografik sig'imga ega ekanligi muhim omil sifatida qaraladi. Migratsiya saldosi Andijon viloyati tuman va shaharlari aholi dinamikasiga o'zining ta'sirini ko'rsatadi. Jumladan, migratsiya saldosi musbat bo'lgan tumanlarda manfiy saldoga ega bo'lgan tuman va shaharlarga nisbatan aholi dinamikasi ko'rsatkichlari yuqori ekanligini kuzatish mumkin.

II.2-§. Andijon viloyatida tashqi mehnat migratsiyasining asosiy yo'nalishlari va uning hududiy jihatlari.

Mustaqillikning dastlabki yillarida O'zbekiston Respublikasida migratsiya jarayoni jadal rivojlandi. 1991 yilda jami migrantlar soni 772 mingni tashkil etib, jami aholining 3,7 foizdan ortiq qismi to'g'ri kelgan. Migratsiya saldosi manfiy bo'lib, immigrantlarga nisbatan emigrantlar 30 mingdan ortiq kishini tashkil etgan. Mamlakat mustaqillikga erishgach, ko'plab boshqa millat vakillari o'z ona yurtlariga ko'chib ketgani migratsiyaning asosiy sababi hisoblanadi. Shuningdek, chetga ishlash maqsadida ketayotgan mehnat migrantlari ham muhim o'rin tutadi. Keyingi yillarda migratsiya hajmi yil sayin kamayib bordi. 2020 yilda jami migrantlar 394 mingdan ziyodni tashkil etib, jami aholiga nisbatan 1,1 foizni tashkil etdi. Migratsiya saldosi -12,5 mingni tashkil etdi.

Mamlakat mustaqillik yillarida tashqi migratsiyaning hajmi qisqarib bordi. 1991 yilda jami emigrantlarning qariyb 45 foizi tashqi migratsiyada ishtirok etgan bo'lsa, keyingi yillarda bu ko'rsatkich sezilarli qisqarib bordi va 2020 yilda 10 foizdan iborat bo'ldi. Ichki migratsiya tumanlararo va viloyatlararo bo'lib, asosan o'qish, ishlash, yoshlarni oila qurishi va boshqa sabablar bilan bog'langan. Birinchi navbatda migrantlar poytaxtga, viloyat markazlari, katta va yirik shaharlarga intilmoqda. Ichki migratsiyada mamlakat viloyatlari orasida faqat Toshkent shahri musbat saldoga ega.

Andijon viloyati demografik jarayonlarida migratsiya muhim o'ringa ega. Mamlakat migrantlarining 4,5 foizi ushbu viloyatga to'g'ri keldi. Shuningdek, Samarqand, Navoiy, Qashqadaryo, Surxondaryo, Toshkent viloyatlari va Toshkent shahrida migratsiya jarayoni jadal bo'lganini ko'rish mumkin.

Mustaqillik yillarida Andijon viloyatida ham mamlakatdagi singari migratsiya hajmi qisqarib bordi. 1991 yilda vodiyda jami migrantlar 47,2 mingtani tashkil etgan bo'lsa, 2020 yilda 15,8 ming kishi migratsiyada ishtirok etdi. Jumladan, 1991 yilda mamlakatdagi jami migrantlarning 5,9 foizi Andijon viloyatiga to'g'ri kelgan bo'lsa, 2020 yilda mintaqaning ulushi 4,5 foizni tashkil etib, 1,4 foizga kamaydi.

Andijon viloyatida jami migrantlarning asosiy qismi viloyatlararo va tumanlararo ichki migratsiyada ishtiroq etadi. Ichki migrantlar 17319 kishi va tashqi migrantlar 129 kishi bo'lib, ularning hissasi mos ravishda 99 va 1 foizni tashkil etadi.

Andijon viloyatida aholining viloyat doirasida ko'chib yurishi biroz faollashdi. Aholining ichki hududiy harakatchanligi qishloq-shahar yo'nalishidagi migratsiyaning ortishida kuzatiladi. Umuman olganda, viloyat ichida qishloq-shahar yo'nalishidagi aholi migratsiyasining jadallashuvi aholining ma'lumotliligi, malakasi, kasbi hamda aholi bandligi kabi muammolarning hal etilishi bilan bog'liq hisoblanadi.

Andijon viloyati ichki migratsiyasida viloyatlararo migratsiyadan viloyat ichidagi migratsiya ustun bo'lib, ichki migrantlarning 75 foizini tashkil etadi. 2020 yilda mintaqadagi jami ayol migrantlarni 40 foizini 20-24 yosh guruhidagi ayollar tashkil etgan bo'lsa, migrantlarni 77 foizi ayollarga to'g'ri kelgan. Migrantlarni yosh va jinsiy tarkibi tahlilida 20-24 yoshdagi ayollarning ko'pligi, ularning qo'shni tumanlarga turmushga chiqishini bildiradi. Shuning uchun tumanlarning migratsiya saldosi ham yillar mobaynida o'zgarib turadi.

Shuningdek, tumalararo migratsiyada asosiy migratsiya oqimi viloyat markaziga yo'naladi.

Z.Tojieva viloyatlararo migratsiya oqimida asosan mahalliy millatlar ma'lumot olish, yangi kasbni o'zlashtirish, malakasini oshirish, yoshlarning turmush qurishi va hozirda *"mokkisimon"*, deb atalayotgan migratsiya harakatida ko'plab ishtirok etmoqda, deb hisoblaydi [86; 124-b].

Andijon viloyatlari aholisi demografik vaziyati va jarayonlariga tashqi migratsiya sezilarli ta'sir etadi. Viloyat markazlari va yirik shaharlari tashqi migratsiyada faol ishtirok etsa-da, lekin ular manfiy saldoga ega.

O'zbekiston Respublikasi statistika qo'mitasi ma'lumotlariga ko'ra, 2020 yilda Andijon viloyatida emigrantlarning qariyb 67 foizi Rossiya federatsiyasiga, 25 foizi Qozog'iston Respublikasiga, qolgani Qirg'iziston, Tojikiston, Turkiya va boshqa davlatlarga to'gri kelgan. Tashqi migratsiyaning asosiy yo'nalishi MDH mamlakatlari hisoblanib, unda mehnat migratsiyasi asosiy o'rin tutadi. Shu o'rinda alohida takidlash lozimki, yuqorida tahlillar rasmiy statistik ma'lumotlarga asoslangan. Statistika boshqarmasi ma'lumotlarida tashqi migratsiyada rasman ko'chib ketganlar o'rin olgan. Vaqtinchalik mavsumiy mehnat migratsiyasi haqida statistika boshqarmasi ma'lumotlari mavjud emas.

Tashqi migratsiyada, O'zbekiston – Rossiya migratsiya aloqalari, xususan noqonuniy mehnat migratsiyasi muhim o'rin tutadi. Bunda O'zbekiston uchun mehnat migratsiyasining ijobiy tomoni uning respublikaga Rossiyadan kelayotgan valyuta resursidir. Binobarin, 2018 yilda MDH mamlakatlaridan 4,35 mlrd dollar, jumladan, Rossiyadan O'zbekistonga mehnat migrantlari tomonidan 3,96 mlrd dollar, Qozog'istondan 320 mln. dollar pul o'tkazilgan [132]. MDH mamlakatlari orasida Rossiyadan kelayotgan pul miqdori 90 foizdan ortiqni tashkil etmoqda.

Bugungi kunda nafaqat Andijon viloyati, balki respublika tashqi mehnat migratsiyasining salbiy jihatlari – aholining oilaviy munosabatlaridagi buzilishlar, ko'plab mehnat migrantlari mehnatidan noto'g'ri foydalanish hamda mehnat huquqlarining himoyalanmaganligi, ota-onalarning farzand tarbiyasidagi rolini pasayishi, shuningdek noto'liq oilalarning ko'payish xavfi kelib chiqmoqda. Natijada, ajralishlar va norasmiy nikohlar ko'payishi bugungi kundagi og'ir muammolardan biriga aylanmoqda.

So'nggi yillarda, aholi migratsiyasini tartibga solish hamda migrantlarning huquq va erkinliklarini himoya qilish maqsadida qator huquqiy hujjatlar qabul qilindi. Jumladan, 2018 yil 5 iyundagi O'zbekiston Respublikasi Prezidentining "O'zbekiston Respublikasining tashqi mehnat migratsiya tizimini yanada takomillashtirish bo'yicha qo'shimcha chora-tadbirlar to'g'risida" PQ-3839-son qarori, O'zbekiston Respublikasi Prezidentining 2019 yil 20 avgustdagi "Xorijda vaqtinchalik mehnat faoliyatini amalga oshirayotgan O'zbekiston Respublikasi fuqarolari va ularning oila a'zolarini himoya qilish kafolatlarini yanada kuchaytirish choralari to'g'risida"gi Farmoni, O'zbekiston Respublikasi Vazirlar Mahkamasining 2019 yil 23 avgustdagi "Xorijda vaqtinchalik mehnat faoliyatini amalga oshirayotgan O'zbekiston Respublikasi fuqarolarining huquqlarini va qonuniy manfaatlarini himoya qilishga doir qo'shimcha chora-tadbirlar to'g'risida"gi qabul qilgan Qarorlarini keltirish mumkin. Mazkur qarorlarning maqsadi tobora geografiyasi kengayib, rivojlanib borayotgan tashqi migratsiya masalalari bo'yicha davlatlararo hamkorlikning xuquqiy, iqtisodiy-ijtimoiy tomonlariga e'tiborni kuchaytirish, demografik xavfsizlikka bo'ladigan xavf-xatarning oldini olishga qaratilganligidir.

II.3-§. Tashqi mehnat migratsiyasining demografik jarayonlarga ta'sirini sotsiologik – demografik so'rovnoma orqali tadqiq etish

So'rovnoma (anketa) - bu so'rov yoki statistik o'rganish orqali respondentlardan ma'lumot to'plash uchun savollar to'plamidan (yoki boshqa turdagi maslahatlardan) iborat tadqiqot. Tadqiqot so'rovi odatda yopiq savollar va ochiq savollardan iborat bo'ladi. Ochiq va uzun savollar respondentga o'z fikrlarini batafsil bayon qilish imkoniyatini beradi.

Odatda, so'rovnoma respondent belgilangan formatda javob berishi kerak bo'lgan bir qancha savollardan iborat bo'ladi. Ochiq va yopiq savollar farqlanadi. Ochiq savol respondentdan o'z javobini shakllantirishni so'raydi, yopiq savol esa respondentdan berilgan javoblar sonidan maqbul bo'lgan javob tanlashni so'raydi. Yopiq savol uchun javob variantlari to'liq va bir-birini istisno qilishi kerak.

Demografik jarayonlarni o'rganishda ijtimoiy so'rov usulini qo'llash tadqiqot ishining mukammalligini ta'minlaydi. Mamlakatda demografik ko'rsatkichlarni ijtimoiy so'rovnomalar orqali muammoni atroflicha o'rganishga va yechishga ko'mak beradi.

Andijon viloyatidagi barcha sohalardagi kabi demografik jarayonlar bilan bog'liq muammolarning yuzaga kelishi tabiiy. Hududlarda aholining har tomonlama barkamol bo'lib shakllanishi aynan shu muammolar yechimiga bog'liq. Aholi tug'ilishi, o'limi va tabiiy o'sishi va bilan bog'liq muammolarni atroflicha o'rganishda ijtimoiy so'rovnoma usulining ahamiyati katta.

Sotsiologik – demografik so'rovnoma muallif tomonidan Andijon viloyatida shahar va tumanlarining ijtimoiy-iqtisodiy rivojlanish darajasi, demografik ko'rsatkichlari va geografik joylashgan o'rniga tafovutga ega hududlari, turli joyda va turli kasbdagi kishilari (300 ta) tanlab olindi.

Sotsiologik – demografik so'rovnomaga 21 ta savol kiritildi .Tadqiqot mavzusi doirasida bevosita taalluqli bo'lgan 14 ta savol o'rganilib tahlil etildi. So'rovnomada 20 yoshdan 60 yoshgacha bo'lgan aholi ishtirok etdi. Ishtirokchilarning 36 foizi

20-30 yoshlilar, 27 foizi 31-40 yosh va 26 foizi 41-50 yosh va 11 foizi 51-60 yoshdagilar tashkil etgan. Shuningdek, respondentlarning 54,9 foizini ayollar va 45,1 foizini erkaklar, tashkil etdi. Respondentlarning 52,0 foizini oliy ma'lumotli va 48,0 foizini o'rta va o'rta maxsus ma'lumotga ega bo'lganlar tashkil etgan. Olib borilgan tadqiqotning asosiy maqsadi Andijon viloyati shahar va tumanlarida demografik vaziyatni aniqlash, viloyatdagi tashqi mehnat migratsiyasini demografik jarayonlarga ta'sirini aniqlash bo'lganligi sababli so'rovnomadagi keying savollar bevosita shu xususida.

So'rovnima ishtirokchilarining 51,5 foizi oilali va turmushga chiqqanlar, 42,3 foizi turmush qurmaganlar, 6 foizi ajrashganlar va 1,2 foizi bevalardan iborat bo'lgan. javobini berishgan.

Shuningdek, respondentlarning asosiy qismi (44) farzand kor'maganlar bo'lsa, 37 foizning 2-3 nafar, 13 foizi 1 ta farzandli hisoblanadi. Bundan hulosa shuki, so'rovnoma ishtirokchilari asosan hali farzand ko'rmagan yoki 2-3 nafar farzandlilar tashkil etmoqda.

Sotsioligik-demografik so'rovnoma ishtirokchilarning 54 foizining oilasida tashqi mehnat migratsiyasida ishtirok etuvchilar yo'q bo'lsa, 26 foizining oilasidan 1 nafardan va 20 foizining oilasidan 2 va undan ortiq kishilar horijda mexnat faoliyatini olib borishmoqda.

Tashqi mehnat migratsiyasi bilan shug'ullanish bugungi kunda paydo bo'lgan muammo emas. Mazkur jarayon ancha yillardan buyon davom etib kelmoqda. Shunga muvofiq, so'rovnomaga *"Qancha vaqtdan beri tashqi mehnat migratsiyasi bilan shug'ullanadi?"* degan savol kiritildi. Ushbu savolga oilasidagi horijda mehnat qiluvchilari bor respondentlarning 20 foizi 1-2 yil, 40 foizi 3-4 yil va 40 foizi 5-6 yil va undan ortiq deb javob berishgan. Bundan hulosa shuku, tashqi mehnat migratsiyasi bilan shug'ullanish ancha vaqtdan beri davom etib kelayotgan jarayonlardan biri hisoblanadi. Boshqacha aytganda, bu muammo xalqimizni ancha vaqtdan beri qiynab kelayotgan masalalardan hisoblanadi.

Barchaga ma'lumki, tashqi mehnat migratsiyasining asosiy maqsadi oila daromadi uchun amalga oshiriladi. Bunda mehnat migratsiyasi orqali daromad toppish va oila byudjetini qoplash muhim ahamiyat kasb etadi. Respondentlarning oila byudjetini asosiy manbai nimadan iborat, yoki tashqaridan yuborilayotgan daromad oila uchun qanchalik yetarliligini bilish maqsadida *"Xorijdan mehnat migratsiyasi orqali kelayotgan daromad miqdorini qanday baholaysiz?"* degan savol berildi. So'rovnoma ishtirokchilarining 57,2 foizi o'rtacha, oila harajatlarini qoplashini, 31.7 foizi ko'p, oila byudjetidan ortishi,11.1 foizi kam, yetarli emasligini ma'um qilgan. Bundan ko'rinib turibdiki respondentlarimiz yani ya'ni mehnat migratsiyasi orqali ko'p migrantlar o'rtacha daromadga ega bo'lishini oila harajatlarini qoplashini belgilashgan.

Tashqi mehnat migratsiyasida qaysi tarmoqlarda bandligini bilish maqsadida "Tashqi *mehnat migratsiyada asosan qanday mehnat bilan bandsiz(yoki tanishlaringiz band?"* – deb nomlangan savolga ayol respondentlarning (turmush o'rtoqlari yaqin qarindoshlari yokida farzandlari) 40 foizi qurilish,10 foizi savdo xizmati, 5 foizi boshqaruv sohasida, 45 foizi boshqa sohalarda, erkak respondentlarning 60 foizi qurilish,5 foizi savdo xizmati, 5 foizi boshqaruv sohasida ,30 foizi boshqa sohalarda ekanligini ma'um qilgan. Bundan ma'lumki, mehnat migratntlari asosan qurilish kabi og'ir mehnat tarmoqlarida band bo'lishmoqda.

O'zbekistonda tashqi mehnat migratsiyasining asosiy yo'nalishi MDH mamlakatlari hisoblanadi. Bizning respondentlar *"Asosan qaysi davlatga ishlagani borasiz yoki tanishlaringiz ishlagani ketishgan?"* – degan savolga 85 foizi Rossiyaga, 5 foizi MDH davlatlariga,, 3 foizi Korey,a 3 foizi Turkiya, 1 foiz miqdordan Xitoy, Yevropa, Markaziy Osiyo hamda so'nggi 1 foiz qismi boshqa davlatga degan javoblarni belgilashgan ushbu savolda ko'rib turganingizdek respondentlarning aksi ya'ni 85%i Rossiya davlatida mehnat migratsiyasida ekanligi ma'lum bo'ladi.(2-rasm)

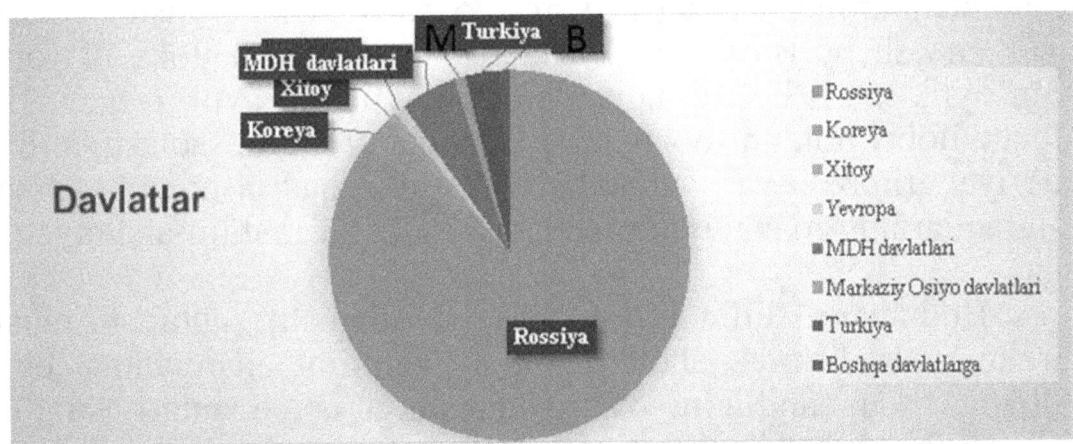

2-rasm. Tashqi mehnat migratsiyasining asosiy yo'nalishlari

Demografik jarayonlar, hususan tug'ilish jarayoniga mehnat migratsiyasi ham o'zining sezilarli ta'sirini ko'rsatadi. Shu maqsadda so'rovnomaga *"Migrantlarimiz qancha muddat ichida yurtiga qaytadi?"* degan savol kiritildi. Mazkur savolga respondentlarning 45 foizi 1-2 yilda, 20% 3-4 yilda, 15% foizi 5-6 yilda va 20 foizi 1 yil ichida qaytishadi degan fikrini bildirdi. Bundan ko'rinib turibdiki tashqi mehnat migrantlarining 20 foizi 1 yil ichida o'z oilasiga qaytmoqda. Qolgan qismi 1-2 yil va undan ko'p vaqtda o'z oilalariga qaytmoqda. Tashqi mehnat migrantlarining uzoq vaqtda oilasiga qaytishi albatta tug'ilish jarayoniga o'z ta'sirini ko'rsatadi. Bunda ko'proq birinchi, ikkinchi va keyingi farzandlar ko'rish o'rtasidagi davr, ya'ni intergenetik intervalning ortib borishi kuzatiladi. Z.Temirov o'zining tadqiqorlarida mazkur holatga aniqlik kiritib, aniq tahlillarga asoslanib "so'nggi yillarda tug'ilgan bolalar soni yosh avloddan katta avlodga qarab ortib borganligi va o'rtacha farzandlar soni ortganligi aniqlandi. Bu esa ayollarning*"faol reproduktiv davr"*ni katta yoshga tomon siljishiga olib keldi" degan hulosa bergan.

Ma'lumki, mehnat migratsiyasining o'ziga xos murakkab va qiyinchilik tomonlari mavjud. O'z ona yurtidan, oilasi va yaqinlaridan uzoq vaqt davomida olisda yurish, vatan, oila va farzandlar sog'inchi migrantlarning o'g'ir dardliri deb aytish mumkin. Shu o'rinda, tashqi mehnat migratlarining o'z ona yurtida yetarli sharoitlar mavjud bo'lsa, yangi ish o'rinlari yaratilsa vataniga, oilasiga qaytishi to'grisidagi fikri ham muhim ahamiyatga ega. Boisi, uzoq vaqt oilasidan olisda, boshqa madaniyat, boshqa millat, boshqa muhitda yashagan kishining ruhiyatim fikri o'zgarishi murakkab ijtimoiy muammolarni keltirib chiqaradi. Shu maqsadda *"Agar yetarlicha ish o'rinlari yaratilsa, tashqi migrantlar qaytadami?"* –ushbu savolga respondentlarning aksariyat qismi 75 foizdan ko'p qismi yetarli oylik maosh bo'lsa qaytishlarini aytgan bo'lsa, hattoki 11 foizi kam oylik mash bo'lsa ham oilasiga qaytishini aytib o'tgan. Bu albatta ijobiy holat hisoblanadi. Millat genofondini saqlash, milliy qadriyatlarimiz va urf-odatlarimizni qadrlashda mehnat migrantlarning manaviy dunyoqarashi albatta muhim ahamiyatga ega.

Hududlarni ijtimoiy-iqtisodiy rivojlanishi, aholi turmush tarzini yuksalishida aholi bandligi muhim ahamiyatga ega. Albatta aholi bandligini oshirishda yangi ish o'rinlari yaratish dolzarb hisoblanadi. Yangi ish o'rinlari yatarishda hududlarni tabiiy, iqtisodiy-ijtimoiy sharoitlari, ishlab chiqarishga ta'sir etuvchi geografik omillar, shuningdek, mehnat resurslarining malakasi kabi masalalar muhim rol o'ynaydi. Yil sayin o'sib borayotgan aholini ish bilan ta'minlash, aholi bandligini oshirish doimiy ravishda yangi ish o'rinlari yaratishni taqazo qiladi. Shu maqsadda *"Sizningcha, yangi ish o'rinlari qaysi tarmoqlarda yaratilishi lozim deb o'ylaysiz?"* degan savol repondentlarga berildi. So'rovnoma ishtirokchilarining 49,2%i xizmat ko'rsatish tarmoqlarida, 27,7%i yengil va oziq ovqat sanoatida, 16,9%i esa mashinasozlik saoatida degan fikrni bildirishgan yana ayrim repondentlarimiz esa qurilish va barcha sohalarda shuningdek yangidan yangi tarmoqlarda ham yaratilishi lozim degan fikrga to'xtalishgan. (3-rasm)

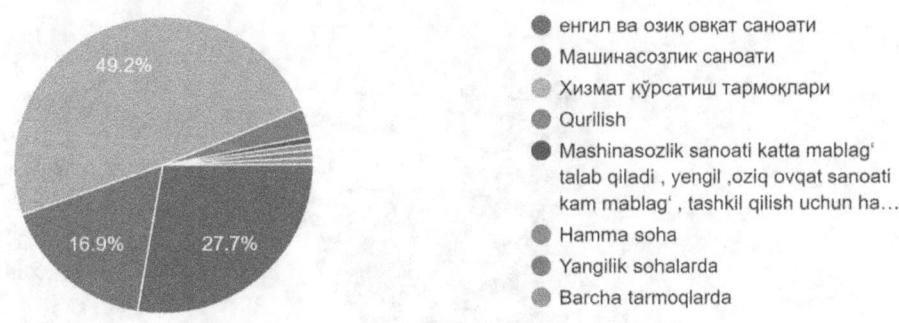

3-rasm. Respondentlarning yangi ish o'riblari yaratish haqidagi fikrlari

Ishlab chiqarishni tashkil etishga ta'sir etuvchi geografik, iqtisodiy va ekologik omillarni o'rganish muhim hisoblanadi. Shu maqsadda *"Yangi ish o'rinlari qayerda tashkil etilgani maqsadga muvofiq?"* degan savolimizga respondentlarning aksariyat qismi (91,5 foizi) yashash joyiga yaqin bo'lishi kerak degan fikrni bildirishgan 5,5 foizi esa viloyat markazlarida va yirik shaharlarda degan fikrni bildirishgan qolgan respondentlar esa 3%i ishchi kuchi va hom ashyo ko'p joyda bo'lishi, aholi ko'p istiqomat qiladigan hududlarda bo'lishini bildirishgan. Bundan ko'rinib turibdiki respondentlarning deyarli barchasi yashash joyiga yaqin bo'lgan joydan yangi ish o'rnlarini yaratilishini ushbu ish o'rinlar ularga qulayroq bo'lishni istashmoqda. Hududlarni ijtimoiy-iqtisodiy rivojlantirishning hududiy dasturlarishi ishlab chiqishda mazkur omilni ham inobatga olish lozim deb o'ylaymiz.

Oila a'olarining uzoq vaqt uyidan olisda bo'lishi hududiy demografik jarayonlarga o'z ta'sirini ko'rsatadi. ko'plab yoshlarning nikohlanishdan oldin horijda mehnat qilishi nikohga kirish yoshining ortib borishiga ta'sir etuvchi muhim omillardan hisoblanadi. Respondentlarga *"Tashqi mehnat migratsiyasini yoshlar nikohlanish jarayoniga ta'sirini qanday baholaysiz?"* so'rovnomadagi ushbu savolimizga respondentlarning 47,7 foizi nikohga kirish yoshi kattalashib borishiga sabab bo'ladi, 30%i esa nikohlanuvchilarning yoshi o'rtasidagi farq kattalashib ketishini bildirishgan 17,7 foizi esa nikohga sezilarli ta'siri bor degan javoblarni berishgan. Repondentlarimizning atigi 1foizi ta'sir kuchi yoq degan fikrni bildirishgan. Rasmiy statistic ma'lumotlar ham yil sayin yoshlarning nikohga kirish Yoshi ortib borayotganligini tasdiqlaydi. Shuningdek, ayrim respondentlar turli fikrlarni bildirishgan. Jumladan, nikohga bo'lgan yuzaki qarash, oilalarni buzilishi, notinch oilalarni ko'payishi, oiladagi mustahkamlik tobora yo'q bo'lib ketishi kabi sabablarni keltirib o'tishgan. (4-rasm)

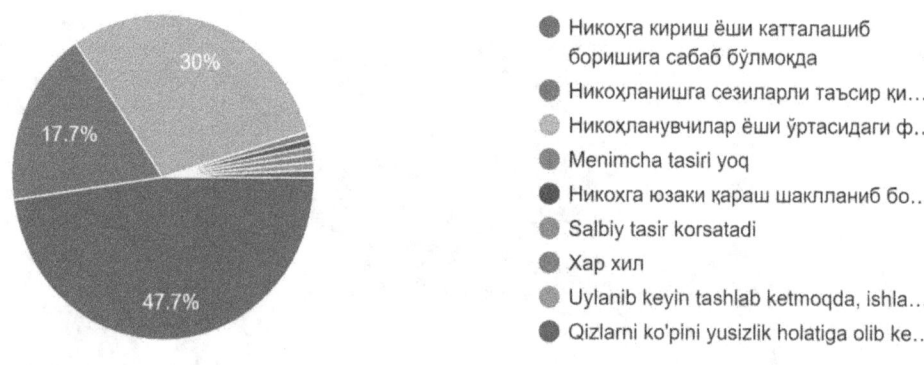

4-rasm. Respondentlarning tashqi mehnat migratsiyasining nikoh jarayoniga ta'siri haqidagi fikrlari

Aholining ilk nikoh yoshining ortib borishi, ayollarning reproduktiv davrini qisqarib birishiga ta'sir etadi. Bu esa o'z navbatida tug'ilish jarayoniga ham ta'sir ko'rsatadi. bir ayolning reproduktiv davrida tug'iladigan farzandlar o'rtacha sonini kamayishiga olib keladi. Respondentlarga *"Tashqi migratsiyaning tug'ilish darajasiga ta'siri qanday?* degan savol berildi. Ushbu savolimizga repondentlarning 50,8 foizi tug'ulishning kamayishiga olib keladi degan javobni bildirishgan, 30,8 foiz respondentlar esa farzandlar o'rtasidagi intergenetik interval ortib boradi degan fikrni bildirishgan. Shuningdek, 12,3 % respondentlar oilani daromadi ortadi va tug'ulish ko'payishiga olib keladi degan fikrni bildirishgan. Qolgan ayrim ishtirokchilar tug'ilishga ta'siri yoq yoki sezilarli darajada ta'sir etmaydi degan fikrga kelishgan. Ushbu savoldan respondentlarni 50%i dan oriqroq qismi tug'ulish kamayishini bu esa bir qancha salbiy oqibatlarga olib kelishini bildirishgan. (5-rasm)

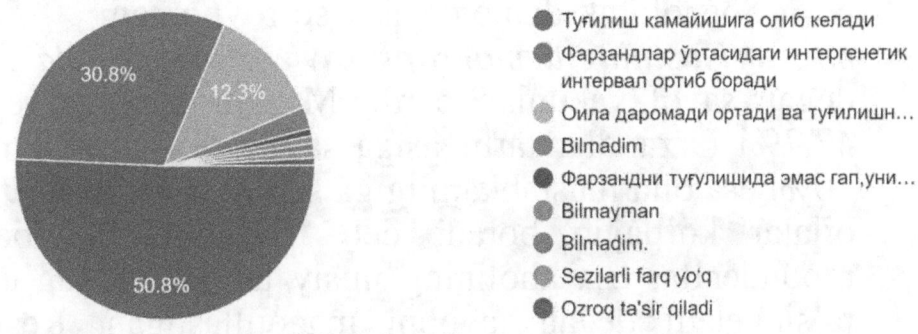

5-rasm. Respondentlarning tashqi mehnat migratsiyasining tug'ilishga ta'siri haqidagi fikrlari

Tashqi mehnat migratsiyasining eng murakkab muammolaridan biri oilalar mustaxkamlgiga salbiy ta'siri, ajrimlarning ortib borishiga ta'siri deb baholash mumkin. Bugungi kunda Andijon viloyati ajralish darajasi mamlakatdagi eng yuqori ko'rsatkichga ega viloyatlardan biri hisoblanadi. Shu maqsadda so'rovnoma ishtirokchilariga *"Tashqi mehnat migratsiyasi oilalar ajralishiga salbiy ta'siri qanday deb o'ylaysiz?* degan savol bilan murojaat qilindi. Ushbu savolga respondentlarning 64,4%i oilalarning mustahkamligiga salbiy ta'sir ko'rsatadi va ajrimlar soni ortadi degan fikrni bildirishgan, 28,5% respondentlar esa oilalarning daromadi ortadi va mustahkamligi barqaror bo'ladi degan javobni belgilashgan boshqa kam sonli respondentlar esa bir biriga ishonch mehr tuyg'ulari yoqolishini ham takidlab o'tishgan yana bir boshqa repondentlarimiz esa ta'siri yoq yani sezilarli darajada emas degan fikrni bildirishgan.

Demografik jarayonlar, xususan o'lim biologik jarayon hisoblanadi. Lekin, o'limga tashqi omillar ham sezilarli ta'sir ko'rsatadi. jumladan tashqi mehnat migratsiyasida texnika havfsizligiga amal qilish, mehnat muhofazasiga rioya etish, mehnat resurslarining noqulay mehnat sharoitida faoliyat yuritishi kabilar aholi sog'ligiga va hayotiga havf solishi mumkin. Shu maqsadda *"Tashqi mehnat migratsiyasining aholi o'lim darajasiga ta'sirini qanday baholaysiz?"* so'rovnomadagiushbu savolimizga repondentlarning 49,2%i aholi o'lim darajasiga ta'siri yo'q deb o'ylayman degan javobni berishgan qolgan 47,7%i respondentlarimiz esa tashqi mehnat migratsiyasi o'rtacha umr davomiyligi pasayishiga olib keladi degan javobga to'xtalishgan bundan ko'rinib turibdiki respondentlarimizning ko'p qismi ta'sir yo'q tashqi mehnat migratsiyasini aholi o'lim darajasiga degan javobni belgilashgan.

Sotsiologik-demografik so'rovnomani *"Tashqi mehnat migratsiyasining demografik xavf xatari nimada deb o'ylaysiz?"* degan savol yakunlab berdi. Mazkur savolga repondentlarning 47,7%i farzandlar tarbiyasiga salbiy ta'sir estishini bildirishgan, 40%i esa oila mustahkamligiga salbiy ta'sir ko'rsatadi va noto'liq oilalar ko'payib boradi deb fikr bildirgan bo'lishsa, 9,2% repondentlar esa aholining jinsiy tarkibi va tug'ulish darajasiga ta'sir etadi degan javobni maqqullashgan. Respondentlarning qariyb 90 foiz qismi tashqi mehnat migratsiyasining demografik havf-hatari, jumladan oila mustahkamligiga hamda farzandlar tarbiyasiga salbiy ta'sir ko'rsatishi, jamiyatda noto'liq oilalarning ko'payib borishiga olib keladi degan havotirlari mavjud.

Ushbu so'rovnoma natijasi sifatida ko'p sonli respondentlarning javoblarini xulosa qilib aytadigan bo'lsak.

- Tashqi mehnat migratsiyasini nazorat qiluvchi davlat tashkilotlari faoliyatini yanada kuchaytirib borish;
- Aholini ish bilan ta'minlash, aholi bandligini oshirish va o'z yurtida ishlashni hohlagan tashqi migrantlar uchun doimiy ravishda yangi ish o'rinlari yaratib borish;
- Yangi ish o'rinlari yaratishda hududlarni tabiiy, iqtisodiy-ijtimoiy geografik va demografik omillarini hisobga olish;
- Oilalar mustahkamligi va barqarorligini oshirishda mahallaning rolini oshirib borish.

XULOSA

Bugungi kunda O'zbekiston aholisi soni 36 mln kishidan ortib ketdi. Har yili mamlakatda 1 mln mehnat resurslari qo'shilmoqda. Aholi badnligini oshirish, ularni ish bilan ta'minlash, aholi daromadlarini oshirish va turmush tarzini yahshilab borish bugungi kundagi dolzarb vazifalardan hisoblanadi. Bu esa hududlarni hom ashyo, mineral va mehnat resurslaridan yanada samarali foydalangan holda yangi ish o'rinlarini yaratishni taqazo etadi.

Mazkur muammo yuqori demografik salohiyatga ega, mamlakat maydonini atigi bir foizini egallagan Andijon viloyatida tadqiq etish yanada dolzarb ahamiyatga ega. Bugungi kunda tashqi mehnat migratsiyasini tartibga solish, mehnat migratlarini ijtimoiy muhofaza qilish, ularni qo'llab quvvatlash borasida katta hajmdagi ishlar amalga oshirilmoqda. Shuningdek, aholi migratsiyasi, jumladan tashqi mehnat migratsiyasi hududlarda shakllangan demografik jarayonlarga ham ta'sir ko'rsatadi. Mazkur bitiruv malakaviy ishda tashqi mehnat migratsiyasining demografik jarayonlarga ta'siri o'rganishga harakat qilindi. Ushbu BMI ni yoritish davomida quyidagi hulosa va tavsiyalar ishlab chiqildi:

- O'zbekiston Respublikasi, shu jumladan Andijon viloyatida migratsiya salmodi manfiy ko'rsatkichga ega hisoblanadi;

- Aholining ichki hududiy migratsiyasi asosan "qishloq-shahar" yo'nalishi bo'yicha ortib borishi kuzatildi.

- Aholi migratsiyasida migrantlar borayotgan hududlarni kompleks geografik xususiyatlarini hisobga olish, birinchi navbatda geodemografiyasiga e'tibor qaratish kerak;

- Yangi ish o'rinlari yaratishda hududlarni tabiiy, iqtisodiy-ijtimoiy geografik va demografik omillarini hisobga olish, oilalar mustahkamligi va barqarorligini oshirishda mahallaning rolini oshirib borish;

- Hududlarni ijtimoiy-iqtisodiy rivojlantirish dasturlarini tuzishda migratsiyaning manfiy saldosi, mehnat migratsiyasining salbiy tomonlarini ham e'tiborga olish tavsiya etiladi.

FOYDALANILGAN ADABIYOTLAR RO'YHATI

1. Mirziyoev Sh.M.Buyuk kelajagimizni mard va olijanob xalqimiz bilan birga quramiz.–Toshkent: «O'zbekiston» NMIU, 2017. – 484 b.
2. Ўзбекистон Республикаси Президентининг 2022 йил 28 январдаги ПФ-60-сонли "2022-2026 йилларга мўлжалланган Янги Ўзбекистоннинг тараққиёт стратегияси тўғрисида"ги Фармони (https://lex.uz/docs/5841063)
3. Abdurahmonov Q. Abduramanov Q. "Demografiya" Toshkent, 2010
4. Asanov G., Nabixonov M., Safarov I. "O'zbekiston iqtisodiy va ijtimoiy geografiyasi" T. O'qituvchi, 1994 y
5. Asanov G. Sotsial iqtisodiy geografik lug'at. Toshkent, "O'qituvchi" 1990 y
6. Bo'rieva M. "Demografiya asoslari" (ma'ruzalar matni). T. 2001 y.
7. Bo'riyava M."O'zbekistonda oila demografiyasi" T.: 1997 y
8. Boriyeva M.R, Tojiyeva Z.N., Zokirov S.S. Aholi geografiyasi va demografiya asoslari. - Toshkent.: -"Tafakkur", 2011. – 160 b.
9. Vahobov H., Tillaboeva M.. "Iqtisodiy geografiya asoslari". T. O'qituvchi, 2001 y.
10. Мамажонов М. Андижон вилояти аҳолисини ижтимоий муҳофаза қилишнинг географик жиҳатлари. География фанлари номзоди илмий даражасини олиш учун ёзилган диссертация авторефераты. –Тошкент, 2004. –24 б.
11. Mamajonov M. Andijon viloyati. T.: Akademnashr, 2018. -128 b.
12. Nazarov A. «Ijtimoiy geografiya». T., Universitet, 2000 y.
13. Qayumov A. Yakubov O'. "Aholi geografiyasi va demografiya asoslari" Toshkent, 2010
14. Qodirov R. B. Aholi va mehnat resurslari. – Andijon, 2010.
15. Soliyev A. Iqtisodiy geografiya: nazariya, metodika va amaliyot T.: 2013
16. Soliyev A, Nazarov M, Qurbonov Sh. O'zbekiston hududlari ijtimoiy-iqtisod iy rivojlanishi. T.: Mumtoz so'z, 2010

17. Tojiyeva Z.N. Aholi geografiyasi. Darslik. –Toshkent.: "Nodirabegim", 2019, -254 b.
18. Темиров З.А. Ўзбекистоннинг Фарғона минтақасида демографик жараёнлар ривожланишининг худудий хусусиятлари (Монография). –Андижон. "Ҳаёт нашри-2020", 2022. -158 б.
19. Yusupov M. "Andijon viloyati" Farg'ona-2005

Internet saytlari:

1. www.stat.uz
2. www.gender.stat.uz
3. www.geografiya.ru
4. www.naesmi.uz
5. www.referat.arxiv.uz
6. www.en.wikipediya.org

MUNDARIJA

KIRISH 3

I-BOB. AHOLI MIGRATSIYASINI IQTISODIY – IJTIMOIY GEOGRAFIK O'RGANISHNING NAZARIY- USLUBIY ASOSLARI. 6

    I.1-§. Migratsiya va uning turlari 6

    I.2-§. Aholi migratsiyasi va uning geografik jihatlari 14

    I.3-§. O'zbekistonda aholi migratsiyasi 21

II – BOB. ANDIJON VILOYATIDA TASHQI MEHNAT MIGRATSIYASINI GEODEMOGRAFIK O'RGANISH 26

    II.1-§. Andijon viloyati aholi dinamikasiga migratsiyaning ta'siri 26

    II.2-§. Andijon viloyatida tashqi mehnat migratsiyasining asosiy yo'nalishlari va uning hududiy jihatlari. 34

    II.3-§. Tashqi mehnat migratsiyasining demografik jarayonlarga ta'sirini sotsiologik – demografik so'rovnoma orqali tadqiq etish 37

HULOSA 45

FOYDALANILGAN ADABIYOTLAR RO'YHATI 46

www.ingramcontent.com/pod-product-compliance
Lightning Source LLC
LaVergne TN
LVHW081334080526
838199LV00087B/3815